本书的研究和出版得到了国家自然科学基金项目"中国农民创业的理论与实证研究"（71073136）的资助，在此表示衷心的感谢！

*Theoretical and Empirical
Research on Peasant
Entrepreneurship in China*

中国农民创业的理论与实证研究

郭红东 等◎著

ZHEJIANG UNIVERSITY PRESS
浙江大学出版社

前　言

　　中国浙江等地的经验表明,鼓励和支持更多的农民创业是解决农民就业和提高农民收入的重要途径。这些年来,应该说中国各地政府出台了一系列鼓励农民创业的相关政策,农民创业的环境不断得到改善,全国各地有创业想法的农民越来越多。但是,真正能够把握创业机会成为创业者的农民并不多,即使在创业氛围很浓厚的浙江,每百人中也只有 10 余人参与创业活动;即使成为创业者,也不是人人都能创业成功。不难发现,农民创业犹如大浪淘沙,有无数人打算创业,但仅有少数人能够看到机会,而在看到机会后能够真正创业成功的人就更少。这些现象促使我们思考以下问题:(1)为何有的农民有创业意愿而有的农民没有?(2)为何有的农民虽然有创业意愿但却没有进行创业?(3)为何在浙江这样的沿海经济发达地区农民创业比较多,而在中西部经济欠发达地区农民创业相对较少?(4)为何创业的农民在具体创业行业、创业方式以及创业地域的选择上差异很大?(5)为何有的农民创业成功了而有的农民却失败了,究竟是哪些因素影响了农民的创业绩效?通过对这些问题的研究,不仅在理论上有助于提高我们对农民创业的认识,而且在实践上可以为我们制定鼓励和引导农民创业的相关政策提供依据。

　　笔者有幸申请到了国家自然科学基金项目"中国农民创业理论实证研究"(编号:71073136),课题组围绕课题研究内容进行了一系列研究,取得了不少成果,其中一些成果已在《中国农村经济》、《浙江大学学报(人文社会科学版)》等期刊发表。本书收入了近年来课题组关于农民创业研究的成果,这些成果主要表现在以下几个方面:

1

(一)对中国农民创业现状的研究

为全面了解中国农民创业的实际情况,对农民创业进行实证研究,课题组于 2012 年 1—3 月组织浙江大学农业经济管理专业研究生和浙江大学"三农"协会部分学生对随机抽取的浙江、山东、甘肃、江苏、湖南、重庆、新疆、天津、四川、山西、内蒙古、辽宁、江西、江苏、吉林、湖北、河南、河北、贵州、广西、广东、安徽等 22 个省(区、市)进行调研,随机抽取 22 个省(区、市)100 名学生作为调查成员,每位学生在其家乡随机抽取 6 位创业农民和 6 位非创业农民进行调查;考虑到部分农民文化程度较低,统一采取由调查者根据被访者回答代为填写问卷的形式。本次调查共发放问卷600 份,回收创业者有效问卷 445 份。通过对创业农民的数据分析我们发现:(1)从创业农民的年龄来看,创业农民主要是中年人,青年农民所占比重较小。在实际生活中,政府通过资金、技术等多方面的政策鼓励和引导,促进青年农民创业,不仅有利于缓解青年农民涌入城市造成的城市就业压力,而且有利于发展中国的农业,提高农民的生活水平。(2)从创业农民的文化程度(主要通过"受教育程度"反映)来看,中国创业农民整体文化水平不高,大量的创业农民都属文盲。对于创业农民,文化程度低阻碍了创业规模的扩大和可持续发展。对此,应该进一步发展农村教育事业,提高农村青少年的文化水平;创办农民专业技术培训班,提高农民创业能力。(3)从创业农民的社会经历来看,大多数创业农民目前没有参加或从未参加过合作社。合作社是适应中国农业生产人多地少、小规模分散特点的重要组织形式,在增加农户收入、提高农户农业生产技术以及产品质量、加强区域农产品规范化和标准化、保证农产品质量安全、增强地方农产品市场竞争力等方面意义重大。对此,应加快出台相关政策,规范合作社的建立、发展和退出程序,同时还要鼓励当地农户积极加入合作社。(4)从创业农民的家庭经济水平来看,大多数创业农民认为自己的家庭在当地处于中等偏上水平,很少有创业农民认为自己的家庭处在当地偏下水平。但从创业之前创业农民的家庭经济收入和预期收入来看,创业农民的家庭经济收入并不高。这说明为了鼓励农民创业,一定的资金补贴和借贷优惠是必要的;对正在从事创业的农民而言,资金方面的相关优惠政策也是必不可少的。(5)从创业农民的家庭土地情况来看,总体上说土地规模不大,而且存在大量无土地的创业农民。从土地的获得途径来看,大多数创业农民是通过承包的方式拥有土地使用权的。东部沿海地区很多省市推行土地流转政策以来,流转土地的比例有所上升。对此,应当规范土地流转程序,精简不必要的程序环节,为有需要的相关个体提供便利和保护。(6)从创业农民的创业领域来看,非农业领域创业要高于农业领域创业,创办农民专业合作社和涉农企业的情况较少。通常,创业农民具有更多的关于农业生产的经验和技术,在进行农业创业时优势更大,但在现实中,农民却往往会选择在非农业领域创业。因此,鼓励、引导农民在农业领域创业,充分发挥农民在该领域的优势,对于提高创业的成功概率、提高农民的收入意义重大。(7)从创业农民的创业项目初始状况来看,整体而言,创业项目最初投入资金、销售收入以及净利润都不高,但两极分化较为严重。创业农民的创业项目和创业规模很大程度上是由创业资金决定的:资金较少,只能从事技术含量低、规模小、需要大量体力劳动的项目;资金充足,则可以从事技术含量高、规模大、凝结大量脑力劳动的项目。资金的多少对于创业项目的可持续发展同样意义重大。对此,应当提高农民收入,鼓励农民多种途径创业,拓宽农民融资渠道,正确引导农民创业不盲目跟风,走适合自身的创业道路。

(二)对影响农民创业意愿的相关因素的研究

借助于对中国部分省(区、市)的实地调查数据,课题组对影响农民创业意愿的因素进行了实证研究。研究结果表明,多数农民具有创业意愿,并且更倾向于在非农业领域创业。在具有创业意愿的被调查农民中,大多数农民认为创业是为了提高生活水平,目前遇到最大的障碍是缺乏创业所需的资源,没有发现合适的创业机会。在个体因素中,农民的性别、先前创业经历、社会资源情况和创业价值感知与其创业意愿呈显著正相关,农民的年龄与其创业意愿呈显著负相关。在家庭因素中,农民的家庭总人口与其创业意愿呈显著负相关。在环境因素中,政府政策环境、金融支持环境、基础设施环境及创业文化氛围对农民创业意愿的影响并不显著。

(三)对新生代农民工回村创业的意愿及影响因素的研究

新生代农民工回村创业对从"三农"内部解决"三农"问题、推进社会主义新农村建设等意义重大。基于全球创业观察(GEM)理论,课题组构建了新生代农民工回村创业决策的理论模型,分析了影响其回村创业的因素。在理论指导下,我们调查了 300 位在杭新生代农民工。基于问卷和访谈,考察了新生代农民工回村创业的意愿,并运用 Logistic 模型对影响新生代农民工回村创业的因素进行了实证分析。调查发现,65.1%的新生代农民工有回村意愿,而创业是他们回村后最主要的发展道路。影响新生代农民工回村创业意愿的因素主要有外出务工时间、社会交往能力、对待创业风险的态度及当地非农产业的发展水平等。对此,我们提出了相关政策建议,以正确引导有回村创业意愿的新生代农民工回村发展,推动其实现回村创业意愿向回村创业行动的转化。(参见林雯、郭红东:《新生代农民工回村创业意愿及其影响因素——基于杭州的新生代农民工调查分析》,《农村金融研究》2012 年第 5 期。)

(四)对创业氛围、社会网络和农民创业意向之间关系的研究

创业意向是农民创业行为的最佳预测指标,但已有研究并没有对"在什么情况下农民更有意向成为创业者"给予合理解释。课题组考察了创业氛围、个人社会网络与农民创业意向之间的逻辑联系,研究发现,创业氛围、创业榜样、感知的强关系支持是影响农民创业意向的重要因素。此外,农村地区长期形成的创业氛围会影响嵌入其中的农民的创业意向;家人、亲戚或朋友中有成功创业者将增强农民的创业意向;感知的强关系支持能增强农民的创业信心,提升他们的创业意向。(参见蒋剑勇、郭红东:

《创业氛围、社会网络和农民创业意向》,《中国农村观察》2012年第2期。)

(五)对社会资本、先验知识与农民创业机会识别之间关系的研究

创业机会识别是农民创业行为的关键初始步骤,但已有研究并没有对"在什么情况下农民更有可能识别创业机会"给予合理解释。课题组考察了农民社会网络、先前经验、农村地区创业榜样与农民创业机会识别之间的逻辑联系。研究结果表明,农民的个体社会网络规模以及关系强度会正向影响农民的创业机会识别;农村地区的创业榜样越多,农民识别创业机会的可能性就越大;农民先前的销售工作经历和创业经历将提高其识别创业机会的可能性。(参见蒋剑勇、钱文荣和郭红东:《农民创业机会识别的影响因素分析》,《南京农业大学学报(社会科学版)》2014年第1期。)

研究还表明,创业机会识别是创业的前提条件,创业机会识别是多种因素综合作用而形成的认知过程,创业警觉性则是其中最为关键的因素之一。先前经验对创业警觉进而对创业机会识别的作用机理尚不明晰。课题组在已有研究的基础上,将创业警觉作为中介变量,构建了"先前经验—创业警觉—创业机会识别"关系理论模型,旨在揭示存在于先前经验和农民创业机会识别之间的中间转化路径,以及创业警觉在这一过程中的中介作用,并以具有创业意愿的农民群体为研究对象进行了实证研究。

研究结果表明,先前经验与农民创业机会识别之间并不全都是直接作用关系,还有一部分会嵌入在认知层面,通过促进创业警觉的提高对机会识别发生作用,而且创业警觉在不同种类的先前经验与农民创业机会识别之间的作用关系呈现出不同的特点。

研究结果对农民创业实践和政策制定有重要启示:第一,对于那些有意从事创业活动的农民来说,可以采取先就业后创业的策略,先选择自己感兴趣的行业就业,在就业中尝试不同工作岗位,从别人创业活动经历中总结经验和积累知识,不断提高自己的认知能力和创业警觉性,从而提高

创业机会识别能力;第二,政府应加大对农民培训的支持力度,提高其创业机会识别能力。(参见郭红东、周惠珺:《先前经验、创业警觉与农民创业机会识别——一个中介效应模型及其启示》,《浙江大学学报(人文社会科学版)》2013年第3期,《人大复印资料》2013年第10期。)

(六)对社会网络、先前经验与农民创业决策之间关系的研究

创业决策是影响农民创业活动的重要因素,那么,"在什么情况下发现创业机会的农民会更有可能作出创业的决策"?课题组的研究结果表明,农民的创业榜样、社会网络支持、先前管理工作经历和行业工作经历等,是影响其作出创业决策的重要因素。

首先,创业榜样和网络支持会影响农民的创业决策。与创业榜样的相似性有助于激发农民的行为模仿,通过观察学习以及创业榜样的指导、建议,农民获得了创业所需的知识、技能,提高了自己的创业信心,进而更有可能从事创业活动。社会网络能够提供创业资源和情感支持,强的网络支持强化了农民对于创业成功可能性的判断,使他们更有可能作出创业选择。其次,管理工作经历和行业工作经历会影响农民的创业决策。管理工作经历和行业工作经历使农民能够获取创业相关的知识和信息,提高他们的组织、管理能力,拓展他们的社会网络;因此,管理和行业工作经历增强了农民对成功创业的信心,使他们更有可能决定从事创业活动。(参见蒋剑勇、钱文荣和郭红东:《社会网络、先前经验与农民创业决策先前经验》,《农业技术经济》2014年第2期。)

(七)对社会网络、社会技能与农民创业资源获取之间关系的研究

获取创业资源是创建新企业的关键任务,但是,对于"影响农民创业资源获取的关键因素是什么"以及"农民创建新企业中的网络活动对于资源获取又是怎样的影响",人们尚不明晰。针对这两个问题,课题目考察了农民创业者的网络规模、关系强度、社会技能以及网络活动与创业资源获取之间的逻辑联系。研究发现,农民创业者的社会网络规模、关系强度

分别会影响资源获取效果和资源获取效率,社会技能的提高有助于农民创业者获取创业资源,农民创业者的网络活动投入时间对于资源获取的影响是正的且是递减的。(参见蒋剑勇、钱文荣和郭红东:《社会网络、社会技能与农民创业资源获取》,《浙江大学学报(人文社会科学版)》2012年第6期,《人大复印资料》2013年第6期。)

(八)对影响农民创业绩效的因素的系统研究

影响农民创业绩效的因素有很多,其中社会关系网络是非常重要的因素,在创业过程中,无论是资金还是技术,农民的积累都相对较少。如何有效利用已有的关系网络获取创业资源,已成为农民创业能否取得成功的关键。在以往关于创业的研究中,有关关系网络与创业绩效之间关系的结论尚不明朗。一些研究认为,关系网络能提升创业绩效;另一些研究却给出了相反的观点,即认为关系网络并不能提升创业绩效;还有一些研究则认为,关系网络对创业绩效的作用尚不明确。在国内,学术界对农民创业问题的关注近年来比较多地集中在农民创业意愿及其影响因素方面(朱明芬,2010;朱红根等,2010),也有不少学者研究了社会资本对农民创业机会识别、创业资源获取和创业绩效的影响(黄洁等,2010)。但是,考虑到细分后的关系网络和创业机会的创新性对农民创业绩效影响的研究成果几乎没有。基于此,课题组将关系网络划分为社会性关系网络和市场性关系网络,通过构建"关系网络——创业绩效"之间作用关系的概念模型,以中国部分农村地区农民创业者为研究对象,研究在特定创业机会的约束条件下,不同性质的关系网络对农民创业绩效的影响程度。以中国农村地区农民创业者为研究对象的研究表明,社会性关系网络和市场性关系网络都对农民创业绩效的提高发挥了显著作用,但是,社会性关系网络对农民创业绩效的影响更大。(参见郭红东、丁高洁:《关系网络、机会创新与农民创业绩效》,《中国农村经济》2013年第8期。)

课题组还从农民社会资本的网络规模和网络强度两个维度出发,来考察社会资本的利用范围和在此范围内网络的利用强度对创业者个人绩效和所创企业组织绩效的不同影响。通过对全国部分创业农民的实地调查,并运用相关统计模型,实证研究得出的结论是:强关系网络规模与创业者个人绩效呈正相关,弱关系网络则与所创企业组织绩效呈正相关,网络强度对个人绩效和组织绩效均呈显著的正向影响作用。(参见丁高洁、郭红东:《社会资本对农民创业绩效的影响研究》,《华南农业大学学报》(社会科学版)2013年第2期。)

目　录

1　农民创业研究文献综述 ·············· 1

　1.1　引　言 ······················· 1

　1.2　国外农民创业研究的进展情况 ········· 3

　1.3　国内农民创业研究的进展情况 ········· 5

2　中国农民创业现状分析:基于部分农民的调查 ····· 14

　2.1　引　言 ······················· 14

　2.2　调查结果分析 ··················· 15

　2.3　结论与启示 ····················· 24

3　农民创业意愿及影响因素分析 ·············· 26

　3.1　引　言 ······················· 26

　3.2　理论与研究假设 ················· 27

　3.3　数据来源、模型构建与变量测量 ········· 31

　3.4　数据分析与结果 ················· 33

　3.5　结论与启示 ····················· 35

4　新生代农民工回村创业意愿的因素分析 ·········· 37

　4.1　引　言 ······················· 37

　4.2　新生代农民工回村创业决策的理论模型及影响因素分析 ····· 38

　4.3　影响新生代农民工回村创业意愿因素的实证分析 ············ 41

　4.4　结论与启示 ····················· 47

5 创业氛围、社会网络和农民创业意向 ……………………… 49

　　5.1　引　言 …………………………………………………… 49

　　5.2　研究假说 …………………………………………………… 51

　　5.3　数据搜集与变量测量 …………………………………… 53

　　5.4　数据分析与结果 ………………………………………… 57

　　5.5　结论与启示 ……………………………………………… 59

6 社会网络、先前经验与农民创业机会识别 …………………… 60

　　6.1　引　言 …………………………………………………… 60

　　6.2　理论与研究假设 ………………………………………… 63

　　6.3　数据来源与变量测量 …………………………………… 66

　　6.4　数据分析与结果 ………………………………………… 71

　　6.5　结论与启示 ……………………………………………… 73

7 先前经验、创业警觉与农民创业机会识别 …………………… 75

　　7.1　引　言 …………………………………………………… 75

　　7.2　理论与研究假设 ………………………………………… 77

　　7.3　数据来源与变量测量 …………………………………… 80

　　7.4　数据分析与结果 ………………………………………… 83

　　7.5　结论与启示 ……………………………………………… 87

8 社会网络、先前经验与农民创业决策 ………………………… 89

　　8.1　引　言 …………………………………………………… 89

　　8.2　理论与研究假设 ………………………………………… 91

　　8.3　数据来源与变量测量 …………………………………… 94

　　8.4　数据分析与结果 ………………………………………… 96

　　8.5　结论与启示 ……………………………………………… 100

9 社会网络、社会技能与农民创业资源获取 ················· 103

9.1 引 言 ··· 103

9.2 理论与研究假设 ································· 105

9.3 数据来源与变量测量 ····························· 108

9.4 数据分析与结果 ································· 112

9.5 结论与启示 ····································· 118

10 社会资本对农民创业融资的影响研究 ················· 122

10.1 引 言 ·· 122

10.2 理论与研究假设 ································ 123

10.3 数据来源、变量测量与模型构建 ················· 126

10.4 数据分析与结果 ································ 129

10.5 结论与启示 ···································· 132

11 先验知识与农民创业绩效 ························· 134

11.1 引 言 ·· 134

11.2 理论与研究假设 ································ 135

11.3 数据来源与变量测量 ····························· 137

11.4 数据分析与结果 ································ 140

11.5 结论与启示 ···································· 143

12 社会资本与农民创业绩效 ························· 145

12.1 引 言 ·· 145

12.2 理论与研究假设 ································ 146

12.3 数据来源、变量测量与模型构建 ················· 149

12.4 数据分析与结果 ································ 154

12.5 结论与启示 ···································· 156

13 关系网络、机会创新与农民创业绩效 ·················· 158

13.1 引　言 ·· 158

13.2 理论与研究假设 ································· 159

13.3 数据来源、变量测量与模型构建 ················· 163

13.4 数据分析与结果 ································· 169

13.5 结论与启示 ····································· 171

附　录 ·· 173

附录1　中国农民创业调查（创业者） ················ 173

附录2　中国农民创业调查（非创业者） ·············· 189

参考文献 ··· 201

索　引 ··· 229

后　记 ··· 231

1 农民创业研究文献综述

1.1 引　言

　　创业研究一直都在管理学的研究范畴之内,其中对农民创业行为的研究虽说由来已久,但仍属于新兴研究领域。19世纪,随着工业化进程的快速推进,农业生产方式也在不断调整,农村剩余劳动力增加,而大多数人又不愿意走出农村,在政府呼吁增加就业、提高非农收入以及改善农村生活质量的同时,便出现了大量农村创业和农民创业现象。随后,便引起了政策制定者和学术研究者的关注,以农村或农民创业为主题的研究具有明显的时代特征。

　　从国外研究来看,学者们往往更加关注农村作为一个特殊环境对农民创业活动的影响,将发生在农村的创业现象表达为Rural Entrepreneurship,即农村创业。Wortman(1990)在回顾之前农民创业的相关研究时发现,以往的研究都默认大家对农民创业这一现象是熟知的,因而并没有对农民创业进行准确的定义。他在前人的研究基础上,把农民创业定义为通过创建新组织、运用新技术在原有的农产品基础上生产新产品、开辟新领域或新市场这样一种活动。另外,也有学者把农民创业分成"农民"和"创业"两个方面来理解。McElwee(2004)指出,农民就是依附于土地兼业或是全职从事农作物种植和牲畜饲养等一系列农业活

1

动,并以此作为主要经济收入来源的一类人。当这种身份下的"农民"开展"创业"活动时,就称为"农民创业"(McElwee,2006)。

从国内研究来看,学者们更多的是强调农民这一特殊身份下所形成的个体特征对农民创业活动的影响。但随着农民创业相关研究的不断深入,学界却仍未在"农民创业"的概念上达成一致。赵西华(2005)、吴昌华(2006)、郭军盈(2006b)、初明达(2008)以及韦吉飞(2010)等人,都在自己的研究中对农民创业进行了定义。郭军盈(2006b)将农民创业定义为农民依托家庭组织(或由亲戚朋友关系形成的松散的非正式组织)或者通过创建新的组织,投入一定的生产资本,扩大现有的生产规模、从事新的生产活动或开展一项新的事业,以实现财富增加并谋求发展的过程。徐辉和李录堂(2008)在研究中将农民创业活动具体化,从外延角度来界定农民创业,认为"农民创业指农民或返乡农民工在农村创办企业或扩大规模搞种植业、养殖业、农产品加工业;积极参加合作组织和中介组织,组织农产品和生产资料购销、传播信息及开展技术承包,推广新品种与新技术,兴建特色种、养、加基地等;创办为大中型企业提供配件或服务的小型企业;兴办第三产业经济实体等"。韦吉飞(2010)把农民创业定义的内延和外延相结合,将其抽象概括为"农民创业是指农民以家庭为依托,通过组织城乡资源,开展以实现财富增加或谋求发展机会为主要目的的商业经济活动"。

Timmons(1994)把创业活动当作一种思考、推理以及产生行为的过程,认为必须基于对商业机会的挖掘和把握,随着新建企业的建立与发展壮大,合理配置各项资源以提高自身应对风险的综合能力,创业活动才能得以成功实现。Timmons(1994)的创业过程理论模型为分析创业现象提供了一种颇具解释力的系统性手段。不管是国外的"农村创业"活动还是国内的"农民创业"活动,都可以从创业主体参与创业过程的视角来进行剖析。基于此,本文将农民创业定义为:农民通过对环境的判断,依托农村资源,根据自身的实际情况选择扩大原有的生产规模或者开展新的生产经营活动,最终在创业目标实现的过程中获得创业绩效的行为过程。

1.2 国外农民创业研究的进展情况

1.2.1 关于农民创业影响因素的研究

创业者特征对农民创业的影响主要表现在个体特征和社会学特征方面。Zahra 和 Dess(2001)的研究显示,在一定的环境下,例如农民获得的利润普遍趋于下降时,一些比较富有创业精神的农民会积极主动地去探索各种方法以改变自己的创业状况。

Meccheri 和 Pelloni(2006)在研究中将人力资本分为显性知识和隐性知识两种,并指出,在农村地区农民人力资本的积累往往是通过非正规的学习方式实现的,同时人力资本积累对农民创业有着极其重要的影响。关于农民创业者特征的研究已经由原来单纯地考虑某方面因素到逐步转向综合考虑各方面因素。S. L. Morgan 等(2010)借助创业能力这一概念,构建了综合考察创业者与创业有关的各项特征的模型,其中包括开放性、主动性、自我控制意识、年龄、性别、教育水平、工作经历、社交网络以及环境意识。这当中,一些特征能够反映农民这一特殊身份,一些则是可能的相关因素,它们之间存在复杂的交互影响。作者还分析了这些创业者特征在逻辑上如何影响创业活动和当地社会的经济发展。

创业环境对农民创业活动的影响一直为学者们所关注。Sophia Stathopoulou 等(2004)在构建农民创业研究分析框架时提出,可以将影响农民创业过程的环境因素划分为三类,分别是物理环境因素、社会环境因素以及经济环境因素。物理环境因素主要包括地理位置、自然资源和自然景观等。North 和 Smallbone(2000)的研究结果显示,创业活动所在农村地理位置的偏远程度,对所创事业的业务创新、业务增长以及就业创造等都会有显著影响。社会环境因素涵盖了社会资本、政府管制以及文化氛围等方面的内容。Cooke 和 Wills(1999)在研究丹麦、爱尔兰和威尔士的创业公司时发现,有相当大比例的创业公司其技术水平、创新能力以及商业表现与其社会资本的积累情况息息相关。Le Gales (1998)则将治理定义为整合地方和区域利益、管理组织和社会团体行动的能力。经济环境因素可以通过基础设施投资来改善,体现了一个地区业务网络、信息和通信技术的发展水平。基础设施建设水平会影响一个地区对新企业的吸引力,较高的经济活动水平会促进就业、增加产出,农民也会将地区基础设施建设作为创业的环境因素考虑在内(Skuras, D., Dimara, E., and Vakrou, A., 2000)。

1.2.2 关于农民创业过程的研究

首先,在农民创业意愿的产生方面。根据 Wennekers 和 Thurik (1999)对创业概念的解析可知,产生创业意愿是创业者感知经济机会并进而选择进入市场的重要环节。Blanchflower 和 Meyer(1994)的研究结果表明,年龄和性别都会对创业意愿产生影响,年长者创业意愿相对较低,男性比女性更愿意从事创业活动。Fonseca 等(2001)则指出,政府出台的政策法规也会对创业者的创业意愿产生重要影响,且各国创建新企业的成本存在较大差异,创业成本的高低会显著影响个人成为创业者的意愿。Fafchamps 和 Quisumbing(2003)在考察巴基斯坦农村地区的创业活动时发现,农民创业者的受教育水平越高,就越容易产生创业意向。Nwibo 和 Okorie (2013)在研究尼日利亚的农业创业现象时,进行了更为全面综合的考量,对年龄、受教育状况、经历、年收入、家庭规模、家庭创业历史以及融资渠道等因素,在进行理论分析的基础上作了实证研究,结果表明,这些因素对个人选择创业的意向都有积极影响。

其次,在农民创业机会的识别方面。创业机会识别是创业者开启创业活动的首要环节,具有非常重要的意义。Shane 和 Venkataraman (2000)认为,机会本身的属性和创业者的个人特征是影响机会识别和机会开发的主要因素。而能否识别创业机会以及创业机会本身的属性,又会对创业结果产生重要影响。国外专门就农民创业机会识别进行的实证研究基本没有,但是不少研究都注意到了创业机会识别在农民创业过程中的重要意义。Gerard Mcelwee（2006）在研究农民创业者创业能力的提升时发现，农民可以通过多种途径来开展创业，而且机会识别环节在农民创业的过程中起着非常重要的作用。S. L. Morgan 等（2010）在分析农民的创业能力时，详细地论述了农民发现和践行创业机会的能力情况，结果发现，农民创业机会要受到环境、创业者个人因素和创业机会本身特征的影响，如果农民创业者缺乏足够的知识、经历以及资金支持，则会在一定程度上阻碍其对创业机会的识别。

再者，在农民创业绩效的研究方面。对农民创业行为的考察必须以创业绩效为落脚点，创业绩效如何直接表明了创业成功与否。国外学者对创业绩效的研究已经趋于成熟，在农民创业研究领域，创业绩效也一直是研究者重点关注的对象，其中 Carter 和 Rosa（1998）以及 McNally（2001）提出的一般创业研究方法也适用于农民创业研究，因此随着创业绩效研究不断取得进展，对农民创业绩效的研究也在不断推进。Riepponen（1995）对芬兰东南部 50 个农村的创业者进行了实证研究，基于创业者的自我评价来衡量创业绩效，分析其创业成功的影响因素，研究结果表明，创业成功者的创业行为多数是由于市场机会的驱动，而非成功创业者则更多的是由于外部经济压力的驱动。Kallio 和 Kola（1999）对创业取得成功的农民进行了研究，主要从个体特征方面探究他们与其他农民创业者相比所表现出来的优势。Sophia Stathopoulou 等（2004）在构建农民创业研究分析框架时，将创业绩效定义为创业行为的运作结果，表现在利润率、就业情况、社会效应和个人成就感等方面，而整个创业绩效的产生过程又会受到物理环境、社会环境和经济环境的影响。

1.3 国内农民创业研究的进展情况

本文以农民创业研究方面的相关文献为研究对象，通过对文献的分类来解读学界对农民创业现状的研究进展情况。本文对文献的检索遵循以下标准：(1)选择"中国学术期刊网络出版总库"、"中国优秀硕士学位论文全文数据库"和"中国博士学位论文全文数据库"三个数据库;(2)文献检索的时间跨度为1985年至2013年;(3)文献检索将篇名设定为含有"农民"、"创业"两个关键词。根据上述标准,检索得到文献573篇。

从发表时间上看,在1985—2000年间,就有相关的文章得到零星发表。这一时期,伴随市场经济体制改革和改革开放,农村剩余劳动力转移和农民创业逐步出现。2000—2007年间,农民创业不再局限于早期的乡镇工业,就业逐步向农村流通服务产业拓展,农民创业活力增强,农民创业相关研究文献的数量也逐步呈现出明显的递增态势。2008年以来,扩大就业发展战略的实施,使鼓励创业、支持创业被摆到突显位置,农民创业掀起了一股高潮,学术界对农民创业问题的研究热情持续高涨,相关成果也大幅增加。具体情况如图1-1所示。

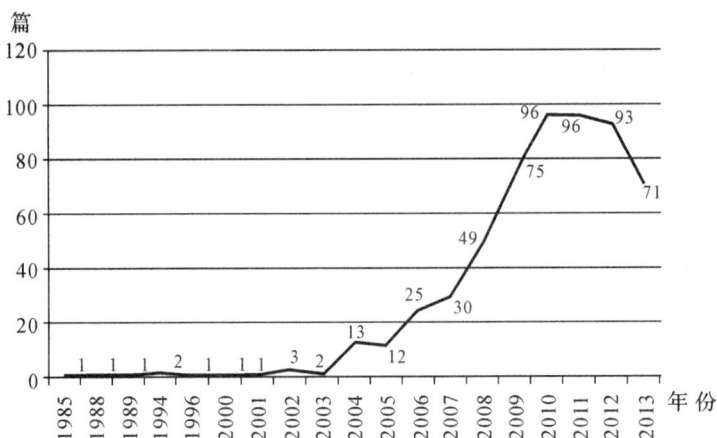

资料来源:中国知网。

图1-1　1985—2013年间农民创业相关研究文献数量统计

当前,对农民创业行为的研究依然处在初期阶段,关于农民创业的研究可以划分为两类,即总体描述性研究与专题深入性研究。

1.3.1　总体描述性研究

当前,农民创业活动多数尚处在规模小、水平低以及地区发展不平衡的阶段,但已经逐步成为影响农村经济的一种重要现象,学者们主要集中于探讨影响农民创业的意义,描述农民创业的特征、各不同地区农民创业的现状,以及分析农民创业过程中的问题与对策等,多为对农民创业问题的一般性分析和描述。

所有对农民创业的研究,都肯定了农民创业活动所产生的积极作用和深远影响。其中,不少学者还对农民创业在社会各不同方面的作用进行了专门阐述。张明林和喻林(2007)指出,创业活动是当今农民创造劳动价值的一种重要途径,可以促进生产发展,提高农民收入及其整体素质,对促进我国新农村建设有着积极作用。李岳云和杨宁(2008)认为,农民创业活动能够突出农民的主体地位,充分发挥其主动性和创造性,积极推动农民创业活动是突破"二元结构"、实现城乡统筹发展的长远之举。韦吉飞和李录堂(2009,2010)研究了农民创业与农村经济变迁以及农村经济增长的关系,发现农民创业对农村二、三产业的发展有显著且持久的拉动效应,由农民创业活动带来的经济增长对农村经济增长的贡献率可以达到20%左右。

对农民创业现象的认识在农民创业研究中具有举足轻重的意义,正是学者们这些基于农民创业特征、现状、问题及对策的基础性研究,不断推动着农民创业研究向前深入。刘军等(2004)将目前的农民创业形式归纳为资源开发型、自我创业型和劳务输出型,并指出由于地区资源情况和地区发展状况的不一致,农民创业活动表现出了较大的地区差异。郭军盈(2006a)进一步分析了中、西部农民创业区域差异的形成原因,提出了促进西部农民创业应采取的综合措施。随着农民创业研究的不断推进,除了区域层面的研究外,也有基于全国范围或者某一具体地点的研究。例如,郭军盈(2006b)利用宏观数据从宏观层面对中国农民创业问题进行了研究,黄敬宝等(2012)选择了4个省的6个县市作为样本,进行农民创业活动的实地调研,在加深对农民创业现状认识的情况下分析其所遇到的问题,并提出了相应的对策建议。何伟(2011)选择湖北省宜都市作为研究样本,展开了对农民创业现状及相关对策的研究。

此外,随着对农民创业现象的认识不断加深,以及农民创业研究成果的不断丰富,学者们也在对前人研究进行归纳和总结的基础上,探讨了农民创业的产生机制等问题。孙红霞等(2010)分析了农民创业研究最初兴起的时代背景及现在的发展概况,并在对现有研究文献进行归纳总结的基础上,探讨了农民创业的相关研究主题,从农民创业者特征、农民创业环境、农民创业过程和农民创业绩效四个方面,构建了我国转型时期的农民创业研究框架。符志伟(2013)对国内外农民创业的相关研究成果作了梳理,在肯定它们对推动农民创业的理论和实际意义的同时,指出了现有研究的不足和未来应重点关注的方向。

1.3.2 专题深入性研究

当农民创业进一步发展成一种常态时,学者们开始逐步进行了更加深入细致的研究,主要包括对农民创业环境、农民创业者、农民创业过程以及其他方面的专门研究。

首先,农民创业影响因素方面的研究。当前,以农民创业影响因素为主题的研究,对因变量多是从农民创业行为的选择和农民创业实践活动的各个过程考虑,对自变量多是从创业者特征和创业环境方面考虑,并根据实际研究的需要进行变量选取。

从分析农民创业环境的角度出发,其影响因素变量均来源于 GEM (Global Entrepreneurship Monitor,即全球创业观察)模型或是来源于对该模型的简单变形。根据 GEM 对创业环境构成要素的界定,可以将促进经济增长的环境条件分成一般环境条件和创业环境条件。其中,创业环境条件包括了 9 项组成要素,分别是金融支持、政府政策、政府项目、教育和培训、研究与开发的转移效率、商业和专业基础设施、国内市场开放程度、有形基础设施的可得性和文化与社会规范,这些因素构成了影响创业的外部环境因素。从分析创业主体的角度出发,除了需要考虑影响农民创业的外部环境因素外,还应考虑农民创业者自身的特征因素。基于以上考虑,郭军盈(2006b)将影响农民创业的因素分解为体制性因素、外部因素和自身因素三大类。通过对其他有关农民创业影响因素的实证研究文献的解读,我们发现对影响因素的考察均在此基础上进行了一定的补充和扩展,表 1-1 是对相关学者的研究成果的部分总结。

表 1-1　部分学者关于农民创业影响因素研究概览

作　者	研究方法	研究对象(因变量)	影响因素变量(自变量)
周菁华(2013)	Logistic 模型	农民创业绩效	家庭所处的市场条件变量;家庭的人力资本变量;家庭的社会资本变量;家庭的先前知识和经验;家庭的个性特征
张应良和汤莉(2013)	Logistic 模型	农民创业绩效	农民自身特征;人力资本禀赋特征;社会资本禀赋特征;创业环境特征
王振芳和滕国玲(2012)	Logistic 模型	农民创业行为(是否创业)	年龄、性别、家庭人口、受教育程度;是否有手艺、是否接受过创业培训、管理能力;是否享受过以及对政府政策和金融支持的感知
戚迪明、张广胜、杨肖丽和程瑶(2012)	Probit、Logistic 模型	农民创业意愿	农民个体特征;农民家庭特征;农民信息特征;相关制度因素
朱红根(2012)	Probit 模型	农民工创业绩效	政策资源获取变量;控制变量
王静、韩冰宇和韩宏华(2011)	Logistic 模型	农民创业成功与否	性别、年龄、学历、家庭人口;创业启动资金来源;是否有进行再投资;初期是否有合作伙伴;是否参加培训
钟王黎和郭红东(2010)	Logistic 模型	农民创业意愿	农民个体特征;农民家庭特征;外部环境特征
崔萌(2010)	Logistic 模型	农民创业成功的概率	创业者的受教育程度;外出务工经历;融资能力;创业环境;创业合力;家庭背景;年龄、性别和户籍
朱明芬(2010)	Logistic 模型	农民创业行为(是否创业)	一般环境因素(近郊、远郊);家庭环境因素;个人素质因素
吴勇和蔡根女(2010)	多元回归方法	农村创业活动指数	城乡居民收入比;城市化程度;工业化程度;政府对农村的财政支出比重
朱红根、康兰媛、翁贞林和刘小春(2010)	Logistic 模型	农民工创业意愿	农民工个体特征;农民工家庭特征;社会资本特征;政策支持特征

续表

作　者	研究方法	研究对象 （因变量）	影响因素变量（自变量）
韦吉飞和李录堂（2008）	Probit模型	农民创业认知	个人特征；家庭规模；家庭年纯收入；住房条件；家庭离最近火车站距离；家庭住地区域地形特征
韦吉飞、王建华和李录堂（2008）	Logistic模型	农民创业成功概率	人力资本；个人经历；是否取得贷款；性别；是否受过专业培训；社会背景；父母的职业；父母的平均受教育程度；年龄及创业者兄弟姐妹人数

其次,农民创业过程方面的研究。在研究体系较为成熟的农民创业研究中,对创业定义的共同出发点为创业是一个过程,多以过程的视角考察创业活动(霍亚楼,2009)。虽然对农民创业行为的研究尚处于起步阶段,但近些年来已成为学者们大力关注的热点,在农民创业过程方面的研究也逐渐增多。这里将从农民创业意愿的产生、农民创业机会识别、农民创业资源获取以及农民创业绩效形成等方面对与农民创业过程相关的研究进行梳理。

一是农民创业意愿方面的研究。创业意愿多指还没有开展创业活动的农民对从事创业活动所表现出的一种意愿,其对创业行为的发生有很好的预测作用。钟王黎和郭红东(2010)运用全国层面的农民创业数据,全面考察了农民个体特征、农民家庭特征以及外部环境特征中的不同变量对农民创业意愿的影响。戚迪明等(2012)对沈阳市的 119 户农民进行了研究,发现其中有 68.9% 的农民具有创业意愿,较为显著的影响因素变量有年龄、文化程度、务工经历、家庭收入、拥有机动车情况、获得信息渠道数等。另外,还有一些学者尝试借鉴创业研究领域中的研究思路对农民创业意愿进行分析。例如,熊智伟和王征兵(2012)从计划行为理论出发来剖析返乡农民工创业意愿的产生过程,并实证分析了主观规范、创业态度和感知行为控制三个变量对返乡农民工创业意愿的影响。彭艳玲等(2011)的研究表明,创业自我效能感一方面直接影响农民创业意愿,另一方面通过可行性感知产生作用。蒋剑勇和郭红东(2012)的进一步分析表明,农村创业氛围、创业榜样和网络支持会在一定程度上让农民更有意向成为创业者。

二是农民创业机会识别方面的研究。创业机会识别是指在一定的环境下对商业机会存在与否的一种感知,在农民创业研究领域,关于这一主题的研究尚且不多,并且主要集中在如下两个方面。一方面,从理论层面上探索影响农民创业机会识别的可能因素。陈文标(2012)依据农民企业家精神理论;通过分析,强调了创业机会识别对于农民创业的重要性,并将这一过程分解为农民企业家主动搜索机会、农民企业家结合个人特征识别机会及农民企业家利用创新精神开发和把握机会。另一方面,运用实证方法检验影响农民创业机会识别的因素。高静等(2012)分析了人口统计特征、创业者心理特质以及创业环境在农民创业机会识别过程中的作用机理,并利用调研数据实证分析了它们的影响程度。黄洁和买忆媛(2011)、郭红东和丁高洁(2012)研究了社会资本在属性上和数量上对农民创业机会识别的影响,前者侧重于分析农民创业者的初始社会资本如何影响所识别机会的创新性,后者侧重于考察先前经验和社会资本对所识别机会数量多寡的影响。另外,郭红东和周惠珺(2013)进行了更为细致的分析,剖析了先前经验影响农民创业机会识别的作用机理,研究发现,先前经验中的工作经验和培训经历既会直接作用于创业机会识别,又会通过创业警觉这一中介变量间接产生作用。

三是农民创业资源获取方面的研究。资源是所创事业获得生存与发展最基本的物质条件,在研究中通常用资源的可获得性来表示资源获取情况(葛宝山和董保宝,2009)。对于农民创业资源的研究可以从两方面考察,一方面将资源获取作为前置的自变量来研究,另一方面将资源获取作为后置的因变量来研究。例如,朱红根(2012)和危旭芳(2013)将创业资源作为前置变量,分别考察了相应资源的丰裕度以及异质性对创业绩效的影响。董晓波(2007)和蒋剑勇等(2013)则将资源获取作为因变量,将社会网络作为前置变量,深入分析了两者在农民创业资源获取方面所产生的影响;后者的研究更进一步地发现,在这两者的关系中,社会技能会起到一个正向调节的作用,有助于拓宽对提高资源获取途径的寻找。

四是农民创业绩效方面的研究。创业绩效反映的是创业者从事某种创业活动所产生的成绩和成果,是判断创业活动是否成功的主要标准。研究发现,农民创业绩效是一个多方面因素综合作用所形成的结果。目前,国内对农民创业绩效的研究还处于摸索阶段,基本上可以分为两种类型。一类是通过整体分析从宏观上考察农民创业活动在农村经济发展过程中产生促进作用的内在机理和理论逻辑。其中,李全伦和李永涛(2010)的实证分析表明,农民创业会带动就业,在提供当地就业机会的同时缓解剩余劳动力的就业压力。高静等(2013)利用方差分析方法和协整分析方法对 1995—2011 年间的统计数据进行分析,得出农民创业活动能够有效促进农业分工的演进,并且能显著提高农户收入和农业生产率的结论。另一类是借鉴创业研究领域对创业绩效的研究方法,分析创业中不同要素对农民创业绩效的影响。相关研究表明,农民创业绩效会受社会资本、家庭创业环境、创业活动、创业能力等因素的影响(黄洁等,2010;周菁华和谢洲,2012)。

再者,其他方面的农民创业研究。在专题深入性研究方面,农民创业领域的研究者除了开展上面所说的农民创业影响因素分析以及农民创业过程研究之外,还对农民创业其他方面的问题,例如创业者能力、创业融资以及创业培训等颇感兴趣,并进行了专门研究。黄德林等(2007)的研究表明,就全国范围来说,农民创业者的能力还处在一个较低的状态中,受这一因素的影响,农民创业层次也呈现出较低的水平。同时,作者提出,可以通过优化农民创业环境来促进农民潜在创业能力的释放和提高。余长春和黄蕾(2008)的研究表明,农民创业能力是决定其创业指数和创业成功率的关键性因素,而农民创业能力会受到农民自身及外部环境的影响。此外,国内创业融资难的问题也为不少研究者所关注(陈红飞,2009;李启秀,2011;肖华芳和包晓岚,2011),他们对农民创业融资的现状和农民创业融资的渠道进行了分析,并提出了完善农民创业金融支持体系的对策。由于农民创业者的受教育水平普遍不高,创业培训所发挥的作用尤为重要,因此众多学者都对这些问题,尤其是农民创业需要建立何种培训模式等进行了相应研究(晁伟和王凤忠,2009;戴杰帆,2011;王晶,2011)。

（周惠珺　郭红东）

2 中国农民创业现状分析：
基于部分农民的调查

2.1 引 言

为全面了解全国农民创业的实际情况,对农民创业进行研究,课题组于 2012 年 1—3 月组织浙江大学农业经济管理专业研究生和浙江大学"三农"协会学生对随机抽取的浙江、山东、甘肃、江苏、湖南、重庆、新疆、天津、四川、山西、内蒙古、辽宁、江西、江苏、吉林、湖北、河南、河北、贵州、广西、广东、安徽等 22 个省(区、市)进行了调研。我们随机抽取 22 个省(区、市)100 名学生为调查成员,每位学生在其家乡随机抽取 6 位创业农民进行调查,考虑到部分农民文化程度较低,统一采取由调查者根据被访者回答代为填写问卷的形式。本次调查共发放问卷 600 份,回收问卷 512 份,得到有效问卷 445 份,问卷回收率与有效问卷回收率分别为 85.33% 和 74.17% 。

本文选择农村创业农民为研究对象,且被访对象应符合以下所有条件:(1)属于农村户口;(2)属于自我雇佣;(3)创业活动可以在农业领域或非农业领域内进行。在进行数据分析之前,我们先对数据作了筛选,剔除了不符合条件的样本。由于研究课题的限制,对总样本中创业开始时间在 2004 年之前(不包括 2004 年)进行了剔除,剔除样本数为 46 个;同时剔除项目开始时间缺失的样本 3 个,剔除总数为 49 个。最终数据分析样本总数为 396 个。

2.2 调查结果分析

2.2.1 创业时被调查创业农民的基本情况

1.被调查创业农民所在地区的情况

被调查创业农民所在地区为浙江、山东、甘肃、江苏、湖南、重庆、新疆、天津、四川、山西、内蒙古、辽宁、江西、江苏、吉林、湖北、河南、河北、贵州、广西、广东、安徽22个省(区、市)。其中,样本数在20个及以上的有3个,分别是:浙江省163个样本,占41.2%;山东省61个,占15.4%;甘肃省21个,占5.3%。样本数在10~20个之间的有6个,分别是:安徽省18个,占4.5%;江西省18个,占4.5%;湖南省16个,占4.0%;重庆市14个,占3.5%;湖北省12个,占3.0%;江苏省12个,占3.0%。样本数在10以下的有13个,分别是:广西9个,占2.3%;四川省7个,占1.8%;山西省7个,占1.8%;广东省6个,占1.5%;内蒙古6个,占1.5%;新疆6个,占1.5%;河北省5个,占1.3%;辽宁省5个,占1.3%;吉林省4个,占1.0%;河南省2个,占0.5%;陕西省2个,占0.5%;贵州省1个,占0.3%;天津市1个,占0.3%。

2.被调查创业农民的个人基本情况

从被调查创业农民的性别来看,76.4%的被调查者为男性,23.6%的被调查者为女性。现实生活中,农民当中的性别比例并没有这么大的差距。调查表明,男性农民创业比例要高于女性。

从被调查创业农民的婚姻状况来看,88.4%的被调查者为已婚,仅有11.6%的被调查者为未婚。调查表明,对于创业农民而言,一般多为已婚。

从被调查创业农民的年龄分组情况来看,30~40岁农民创业比重最高,占38.7%;其次是20~30岁,占27.3%;再者是40~50岁,占25.3%;最后是20岁及以下和50岁及以上,分别占2.1%和6.7%,具体见图 2-1。调查表明,创业农民主要为中年人,这可能是因为相比于青年农民,中年农民具有更长时间的生活和工作经验,并有更多的资源可用于创业;相比于老年农民,中年农民具有生理和心理优势,良好的体质是农民创业的生理基础,勇于打拼是农民创业的心理条件。同时,中年农民往往肩负着养家糊口的重担,这使中年农民更有能力通过创业寻求更多的收益。

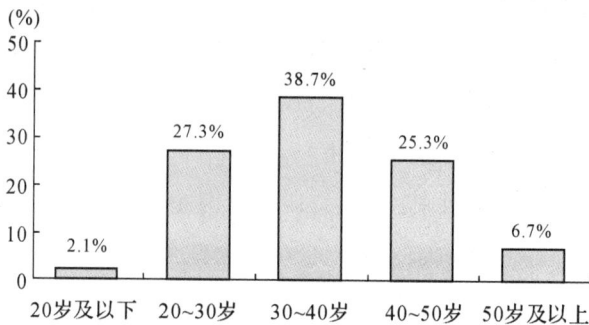

图 2-1 被调查创业农民的年龄分布

从被调查创业农民的文化程度来看,受过 0 年以上 6 年及以下教育的占有效调查总数的 11.6%,其中有 1.3% 的被调查创业农民没有受过教育;受过 6 年以上 9 年及以下教育的占 48.7%;受过 9 年以上 13 年及以下教育的占 29.1%;受过 13 年以上教育的占 10.6%,具体见图 2-2。调查表明,创业农民整体文化水平不高。

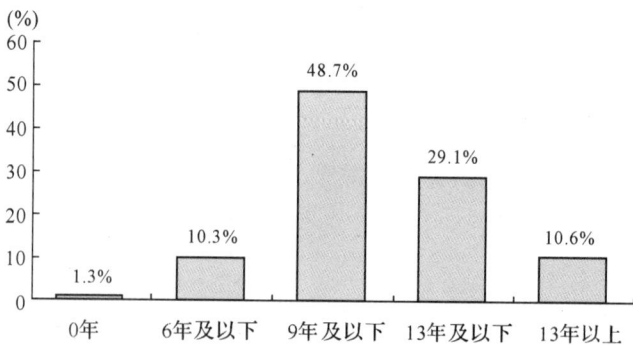

图 2-2 被调查创业农民的受教育程度分布

从被调查创业农民的个人收入（指创业前一年的个人收入）来看,创业前一年的个人收入在 1 万元及以下的占 34.0%;1 万~4 万元之间的占 42.0%;4 万~7 万元之间的占 13.7%;7 万~10 万元之间的占 6.4%;10 万元及以上的仅占 3.9%。其中,个人收入在 100 万元及以上的占该部分的 12.8%,具体见图 2-3。调查表明,创业农民创业前一年的个人收入水平整体不高,但存在较大的两极分化。

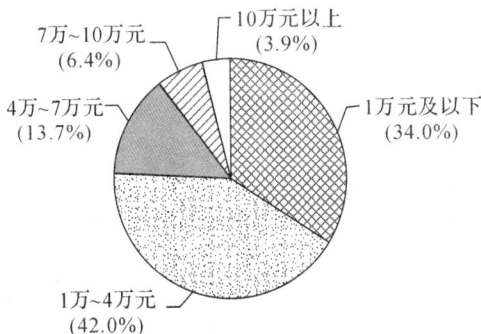

图 2-3 被调查创业农民的个人收入分布情况

从被调查创业农民的社会经历来看,87.4%的被调查者没有参加过合作社或农民协会,仅有 12.6%的被调查者参加过农民合作社或农民协会。调查表明,农民创业者参加农民合作社或农民协会等合作组织的比重仍然较小。从全国来看,农民合作社的推广还是有很大潜力的。

在 396 个被调查者中,是村干部的占 6.5%,不是村干部的占 93.5%;是党员的占 17.3%,不是党员的占 82.7%;既是党员又是村干部的有 15 人,占 3.79%;既不是党员也不是村干部的有 310 人,占 78.28%。调查表明,大多数被调查者既不是党员也不是村干部。

3.被调查创业农民的家庭基本情况

(1)家庭人口情况

从被调查者配偶是否一起创业来看,70.2%的被调查者配偶和被调查者一起创业,仅有 29.8%的被调查者配偶没有和被调查者一起创业。调查表明,农民创业者进行创业,大多数是和配偶一起进行的。这可能与农民家庭生活的特点有关,家庭集体劳作观念强。

从被调查创业农民创业时的家庭总人口来看,3 口人和 4 口人所占比重最大,分别为 33.2%和 35.6%;其次是 5 口人,占 14.7%;再者是 6 口人,占 8.0%;2 口人,仅占 3.4%;4 口人,占 2.8%;8 口人,占 0.8%;9 口人,占 0.3%;10 口人,占 0.8%;11 口人,占 0.5%。调查表明,创业农民中以 4 口人和 3 口人最多,2 口人的小家庭和 7 口及以上的大家庭情况也是存在的。

从被调查创业农民的家庭劳动力数量来看,创业农民家庭中 2 个劳动力的情况最为普遍,超过半数,占 56.9%;其次是 3 个劳动力,占 21.3%;再者是 4 个劳动力,占 9.5%;其他数量的劳动力规模,如 1 个、5 个及以上数量很少。调查表明,创业农民家庭劳动力数量以 2 个为主。

(2)家庭经济状况

从被调查创业农民前一年的家庭收入来看,家庭收入在 1 万元及以下的占 12.8%;1 万~4 万元之间的占 44.5%;4 万~7 万元之间的占 17.5%;7 万~10 万元之间的占 13.4%;10 万元及以上的仅占 11.8%,家庭收入在 100 万元及以上的占 4.2%,具体见图 2-4。调查表明,创业农民创业前一年的家庭收入主要集中在 1 万~4 万元之间,其他各收入层次比例相差不大,都在10%~20%之间。

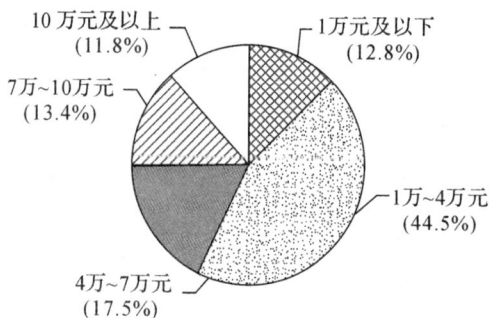

图 2-4　被调查创业农民前一年的家庭收入分布情况

从家庭生活水平在当地所处的水平来看,其中,62.6%的被调查农民认为家庭处于平均水平;21.9%的认为家庭高于平均水平;1.9%的认为家庭处于大大高于平均水平;而仅有12.8%的认为家庭是低于平均水平的;0.8%的认为家庭处于大大低于平均水平,具体见图2-5。调查表明,大多数的创业农民家庭在当地生活水平较高,这是符合实际的,一般而言,创业农民在当地生活水平处于中上水平,才有足够的资金来从事创业。

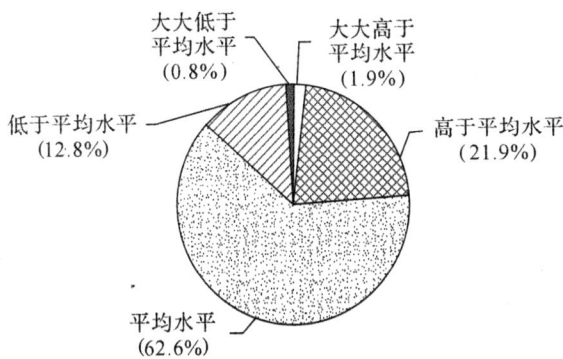

图 2-5　被调查创业农民认为自身家庭生活水平情况

(3)家庭土地状况

从创业时家庭拥有的土地总量来看,59.2%的创业农民土地总量在5亩及以下;16.9%的拥有 5～10 亩;11.0%的拥有 10～50 亩;仅有12.9%的拥有 50 亩及以上土地。调查表明,半数以上的农民土地数量不超过5亩。从创业农民拥有土地的主要途径来看,82.3%的全是承包地;7.6%的是承包地多于流转地;4.5%的是流转地多于承包地;4.5%的全是流转地。调查表明,在拥有土地的创业农民中,土地主要是承包地,这与我国农村的土地政策是密切相关的。

2.2.2　被调查创业农民的最初创业情况

从农民创业领域来看,被调查者在非农业领域创业的有68.5%,在农业领域创业的有31.5%。调查表明,大多数农民进行创业时会选择非农业领域。

从创业项目的市场定位来看,28.7%的被调查者认为自己是补缺者;52.0%的被调查者认为自己是追随者;19.3%的被调查者认为自己是挑战者。调查表明,农民创业大部分是追随者,少部分是挑战者。

从被调查者创业项目所在地来看,34.2%的是在本村创业;24.9%的是在非本村但是在本镇(乡)范围创业;24.7%的是在非本镇但是在本市(县)范围创业;6.9%的是在非本市但是在本省范围创业;9.3%是在外省创业,具体见图2-6。调查表明,农民创业受地域影响较大,几乎都在本市(县)内。这可能是因为创业需要对创业环境有一定的熟悉程度,创业农民对当地熟悉程度较高,能够识别出创业机会;创业需要一定的人际关系网络,距离家庭所在地范围越小,人际关系网络越紧密;此外,农民创业不仅有一般创业的条件,同时有自身的特点,即较为保守和囿于土地。

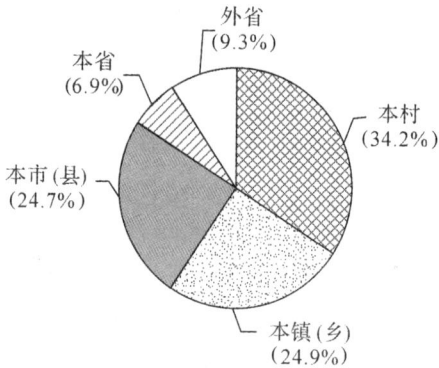

图 2-6 被调查农民创业所在地分布情况

从创业组织形式来看,个体户是最普遍的组织形式,占 65.0%;其次是与人合伙,占 17.8%;再者是独自出资创办,占 10.4%;然后是股份合作企业,占 5.3%;最后是合作社,仅占 1.0%;此外,其他形式占 0.5%,具体见图2-7。调查表明,农民创业最常通过个体户组织,合作社作为一种重要的农业生产组织形式,在创业农民中所占比重很少,因而促进农民以合作社的组织形式创业意义重大。

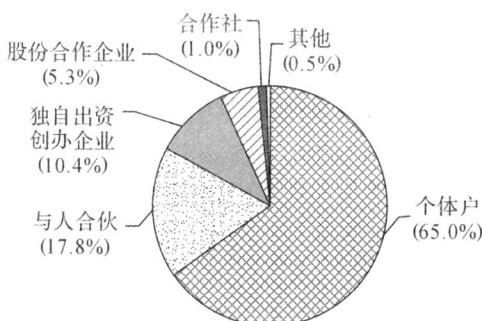

图 2-7　创业组织形式情况

从创业最初办公经营场地或厂房来源来看,采用租用的比例最高,占
55.1%;其次是采用自家住房,占比 30.1%;再者是购买,占比 8.2%;最
后是借用和其他项,分别占比 3.2% 和 3.4%,具体见图 2-8。调查表明,
创业农民创业场所的所有权大多数不是自家所有。

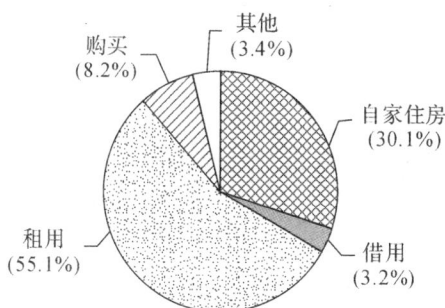

图 2-8　创业初始经营场地或厂房来源分布情况

从被调查创业农民的雇员数量来看,高达 73.0% 的仅雇用 0～5 人;
13.0% 的雇用 5～10 人;9.0% 的雇用 10～20 人;仅有 5.0% 的雇用 20 人
及以上,其中雇用员工超过 100 人的有 4 个,分别为无缝内衣加工厂的
300 人、农产品加工厂的 200 人、香菇种植大户的 140 人以及预拌混凝土
搅拌站的 120 人。调查表明,创业农民的创业项目雇工人数较少,一般多
为 5 人或以下。

从最初创业时帮忙家人占员工总量的比重来看,67.9% 的创业项目

中,员工以帮忙家人为主(即在某一项目中,帮忙家人占员工总量比重超过50%);将近20%的创业项目,员工全部为帮忙家人;21%的创业项目,员工中没有帮忙家人。

从创业领域与员工中帮忙家人所占比重的关系(见表2-1)可以看出,在农业领域和非农业领域,员工中都是以非家庭成员为主,且非农业领域(73.5%)要比农业领域(54.1%)高,但在总体上,两个领域的家庭成员参与创业项目的情况颇为相近。调查表明,员工中帮忙家人的比重与农业领域或非农业领域之间的关系可能并不大。

表2-1 创业领域与帮忙家人占员工总量比重的关系

受访者的创业领域		帮忙家人所占比重(%)				
		0	0~50	50~100	100	合计
非农业领域创业	数量	67	130	30	41	268
	占比	25.0%	48.5%	11.2%	15.3%	100.0%
农业领域创业	数量	12	55	17	40	124
	占比	9.7%	44.4%	13.7%	32.3%	100.1%

从最初创业时正式雇员占员工总量的比重来看,有61.8%的创业项目,员工中以"非正式雇佣员工"为主(即在某一项目中,非正式雇佣员工占员工总量超过50%);有将近40%的创业项目,员工全部为非正式雇佣工人;仅有0.8%的创业项目,员工中全部为正式雇佣工人。调查表明,在创业农民的创业项目中,以非正式雇佣员工为主的情况较为普遍。

从创业领域与正式雇佣员工占员工总量比重的关系来看,不难发现,农业领域主要以非正式雇佣工人为主,占68.6%,其中有48.4%的创业项目全部为非正式雇佣员工;非农业领域正式雇佣工人(占55.2%)与非正式雇佣工人(44.8%)所占比重大致相同,其中有21.6%的创业项目,员工全部为正式雇佣工人,具体见表2-2。调查表明,非农业领域的员工正式雇佣化程度高于农业领域的员工正式雇佣化程度。

表 2-2　创业领域与正式雇佣员工占员工总量比重的关系

受访者的创业领域		正式雇佣员工所占比重（%）				
		0	0～50	50～100	100	合计
非农业领域创业	数量	86	62	62	58	268
	占比	32.1%	23.1%	23.1%	21.6%	99.9%
农业领域创业	数量	60	25	26	13	124
	占比	48.4%	20.2%	21.0%	10.5%	100.1%

从最初投入资金来看，0～5 万元最多，占 41.5%；其次是 5 万～10 万元；还有 100 万元以上的投入资金，包括 4.6% 的 100 万～500 万元的，1.0% 的 500 万～1000 万元的以及 1.0% 的 1000 万元及以上的，具体见图 2-9。调查表明，创业农民对创业项目的初始投资资金整体不高，有半数以上的在 10 万元以下。

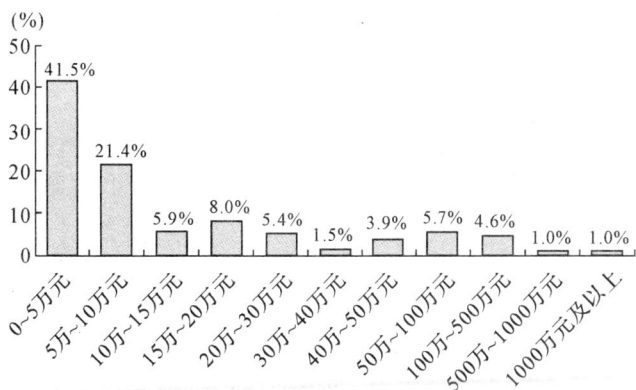

图 2-9　创业最初投入资金分布情况

从创业项目开始盈利的时间来看，1 年内开始盈利的占 86.3%，其中 3 个月即可盈利的占 34.0%，3～6 个月开始盈利的占 23.5%，6～9 个月开始盈利的占 10.6%，9～12 个月开始盈利的占 18.3%；1～2 年之间开始盈利的占 10.1%，超过两年开始盈利的占 3.6%。其中有 61 个（占 15.7%）创业项目的盈利时间不超过 1 个月，2 年以上回报期的创业项目很少,最长盈利开始时间为 5 年。调查表明,大多数创业农民的创业项目的回报期很短,一般在 1 年以内即可开始盈利。

2.3 结论与启示

从创业农民的年龄来看,创业农民主要是中年人,青年农民所占比重较小。在实际生活中,通过政府在资金、技术等方面的政策鼓励和引导,促进青年农民创业,不仅有利于减轻青年农民涌入城市造成的城市就业压力过大问题,还有利于发展我国的农业,提高农民的生活水平。

从创业农民的文化程度来看,中国创业农民整体文化水平不高,存在数量不容忽视的创业农民属于文盲。这不仅阻碍了创业农民的事业发展、科学化管理,也对创业规模的扩大和可持续发展产生了阻碍作用。对此,应进一步加强农村义务教育,促进农村青少年文化水平,创办农民专业技术培训班,提高农民创业能力。

从创业农民家庭的经济水平来看,大多数创业农民认为自己家庭在当地处于中等偏上水平,很少有创业农民认为自己家庭处在当地偏下水平,但从开始创业时创业农民家庭的经济收入和预期收入来看,创业农民家庭的经济收入并不高。这说明,要鼓励农民积极创业,一定的资金补贴和借贷优惠是必要的,对于正在创业中的农民而言,解决资金短缺问题的相关优惠政策也是必不可少的。

从创业农民的创业领域来看,非农业领域创业要高于农业领域创业,创办农民专业合作社和涉农企业的情况较少。创业农民相对丁非农民具有更多的关于农业生产、生活的经验和技术,在进行农业创业时优势更大,但是在现实中,农民却往往会选择在非农业领域创业。因此,鼓励、引导农民在农业领域创业,充分发挥农民在该领域的优势,对于提高创业成功率和农民收入意义重大。

从创业农民的创业项目初始状况来看,整体而言,创业项目最初投入资金、销售收入以及净利润并不高,但两极分化较为严重。创业农民的创业项目和创业规模很大程度上是由创业资金决定的:资金较少,只能从事技术含量低和规模小的项目;资金充足,可以从事技术含量高、规模大、凝结大量脑力劳动的项目。资金的多少对于创业项目的可持续发展同样意义重大。为此,应提高农民收入,鼓励农民多种途径创业,拓宽农民融资渠道,正确引导农民创业不跟风,走适合自身的创业道路。

(陈　潇　郭红东)

3 农民创业意愿及影响因素分析

3.1 引　言

对创业意愿的研究为人们提供了更好地理解创业活动和预测创业行为的机会(Krueger,2000)。行为产生的过程无法通过观察得到,人们看到的仅仅是行为是否发生。因此,要对行为进行预测,就有必要分析导致该种行为发生的因素。在以往的心理学研究中,意愿通常被认为是预测计划行为的最佳指标,其对行为差异的解释力可以达到30％以上。意愿由人们的信念、愿望和认知等一系列心理要素组成,能使我们观测到行为的内在结构,创业意愿就好比是连接人们关于创业的各种想法与其所导致的结果之间的纽带。所以,研究创业意愿可以帮助我们了解创业行为产生的根源,从而预测将来可能发生的创业行为。

但是,农民身处社会底层,其创业意愿受到二元制度的诸多阻碍,影响因素众多。郭军盈(2006)认为,中国农民创业主要受体制因素、自身因素和外部环境因素的影响。其中,自身因素包括心理素质、能力素质;外部环境因素包括社会文化因素、金融支持、政府政策与支持、经济发展水平、基础设施和自然条件。在一定的社会文化和政治氛围下,体制因素和外部环境因素会影响农民的创业机会,农民自身素质则决定着农民的创业能力,这三方面的因素又相互影响、相互作用。

在中国,农民的创业意愿是怎样形成的?农民的创业意愿受哪些因素的影响?在这些因素中,哪类因素对农民创业意愿的影响最大?这些不同因素的不同影响程度对促进农民创业有什么政策含义?针对这些问题,本文通过实证调查来探究个体因素、家庭因素和环境因素对农民创业意愿的影响。这不仅有助于深化理论研究,而且对推动农民创业有着十分重要的现实意义。

3.2　理论与研究假设

加纳(1985)最早提出了创业过程理论模型,突破了尝试识别创业者特殊人格特质研究的局限,率先从创业过程复杂性的角度出发来解释创业过程。加纳模型由四个要素组成:个人,即创立新企业的个人;环境,指影响组织但又在管理控制之外的因素;组织,即所创立的新企业;创业过程,指个人采取创立新企业的行动。这四个要素相互影响、相互作用,共同促成创业的发生。

总之,创业意愿的产生主要基于创业者对创业机会的识别、评价和利用,而对于创业机会的识别、评价和利用的影响研究则主要从两个角度展开:一是创业者个人角度,二是外部环境角度。前者从个体微观的视角来研究创业者的特质和拥有的资源禀赋对机会识别的影响,主要是研究怎样的人更容易辨识机会;后者则主要探讨在一定的社会环境中,机会识别这一过程受到了哪些外部环境因素的影响。从本质上讲,两者主要涉及三个因素,分别是创业者、创业环境和创业行为。

这一点得到了社会认知理论的支持。社会认知理论是 Albert Bandure(1977)提出来的,是一个被广泛接受并经过实证验证的理论。社会认知理论因素包括环境的影响(如整体社会环境、社会压力)、个体认知与个人因素(如个人态度、个人动机)和行为,以及三者之间的交互影响,即所谓的"三角互动"。

经过多年研究,国内学者提出了关于农民创业的实证分析思路。其中,比较有代表性的是郭军盈的"农民创业影响因素模型"。郭军盈（2006）在对 GEM 模型进行分析的基础上,构建了农民创业影响因素的模型,将影响农民创业的诸多因素分解为自身素质、体制性因素和外部环境因素三大类。自身素质主要包括心理素质和能力素质,而能力素质又包括机会识别能力、管理组织能力、创新能力和资源获取能力;体制性因素包括土地制度、户籍制度和教育制度;外部环境因素包括社会文化环境、金融支持、政府政策与支持、经济发展水平、基础设施和自然条件。该模型表明,在一定的社会、文化和政治氛围下,体制性因素和外部环境因素以及个人素质共同影响农民创业意愿,外部环境因素决定了农民创业机会的多少,农民自身素质则决定了农民的创业能力,三者相互作用,共同决定了农民的创业行为。

基于上述分析,本文构建了一个关于农民创业意愿的分析框架。由于农民群体的特殊性,在做出创业决策时,家庭因素往往也起到了至关重要的作用,因此,本文拟将农民家庭因素从农民个体因素中分离出来。综上所述,本文把影响农民创业意愿的因素分为三个部分:第一部分是个体因素,第二部分是家庭因素,第三部分是环境因素。再作进一步细分,个体因素又分为个体背景和个体特质,其中个体背景包括性别、年龄、受教育程度、婚姻状况、先前创业经历和社会资源情况,个体特质包括创业价值感知和冒险倾向;家庭因素分为家庭总人口、家庭劳动力人口、家庭年收入和家人支持情况;环境因素分为政府政策环境、金融支持环境、基础设施环境和创业文化氛围,具体见图 3-1。

3.2.1 农民个体因素对农民创业意愿的影响

由于家庭分工的不同,男性相对于女性来说,承担了更多养家糊口、为家庭创造良好物质条件的责任。同时,受到"男主外、女主内"这一传统观念的影响,男性较女性有更强烈的创业意愿。创业活动需要投入大量的资金和精力,面临可能创业失败的风险,因而年龄越大的农民越不可能从事创业。文化程度越高的农民越有可能具有丰富的知识储备,获取更

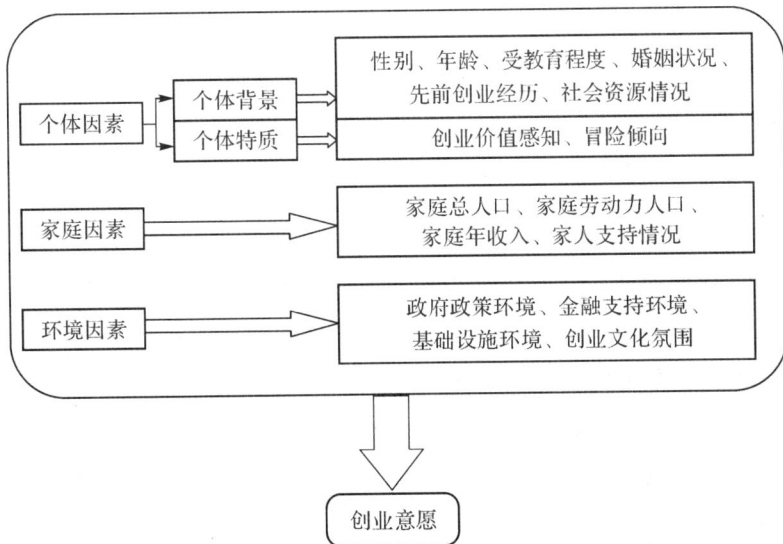

图 3-1　影响农业创业意愿因素的理论框架

多的创业信息,对于创业具有更全面深入的了解。同时,文化程度越高的农民越不甘心从事农业劳动。因此,农民的受教育程度与创业意愿成正比。基于"先立业、后成家"的考虑,已婚农民大多已确定了职业,拥有稳定的收入。因此,相比于未婚农民而言,他们因为有家庭负担,更不愿意放弃当前的职业,创业意愿不太强烈。以前有过创业经历的农民更倾向于创业,这是因为农民在之前的创业经历中积累了经验,对某些技能也积累了一定的基础。创业活动的开展和成功都需要利用一定的社会资源,而具有社会资源基础的农民相当于赢在了起跑线上,因此这部分农民更有可能选择创业来改善经济条件。当考虑到创业的所有付出和收获时,他们会认为创业是值得的,即感知到了创业所具有的价值,从而对创业持正面的态度。因此,感知到创业价值的农民更有可能选择创业。从某种意义上讲,创业即是一种冒险行为。通常,风险爱好者具有更强烈的创业意愿。

3.2.2　农民家庭因素对农民创业意愿的影响

家庭总人口会影响农民的创业意愿。一方面,家庭人口规模较大的家庭通常经济负担较重,传统的农业劳动或打工的收入都较低,较难满足家庭的经济支出,因而这部分农民的创业意愿通常会较为强烈。另一方面,较大的家庭人口规模对创业活动的开展也能起到一定的支持作用。由于全国范围内普遍存在农村剩余劳动力的问题,所以家庭劳动力人数越多,家庭劳动力面临找工作的压力就越大,就会有更强烈的创业意愿。我国目前的农民创业大多还停留在生存型创业阶段,农民是为了改善穷困的经济状况而不得不选择创业。而具有可观收入的家庭通常已有稳定的工作或收入来源,这部分农民若选择创业所需付出的代价就比较大。中国人重视家庭观念,创业意愿的产生在很大程度上取决于家人的支持程度。显然,家人对于创业的支持程度越高,农民的创业意愿就越强烈。

3.2.3 环境因素对农民创业意愿的影响

政府政策环境指的是国家或地方政府出台的关于农民创业的相关政策或提供的创业项目,特别是指那些对农民创业有促进、支持和帮助作用的政策。本文所研究的政府政策环境具体是指本地政府提供的鼓励创业的税收、审批、补贴等政策。当地的创业扶持政策越完善,创业的有利因素就越多,农民的创业意愿就相应地越强烈。

金融支持环境指的是新成立和成长型企业组织获得资金支持和相关资源的程度,特别是指获得金融机构贷款的难易程度、利率高低等。本文所研究的金融支持环境具体是指本地金融机构授予创业贷款的可得性。因此,当地的金融支持政策越完善,创业的有利因素就越多,农民的创业意愿就相应地越强烈。

基础设施环境指的是可资利用的有形资源的质量及其可获得的难易程度。本文所研究的基础设施环境具体是指本地交通条件、水电等基础设施的完备程度。因此,当地的基础设施建设越完善,创业的有利因素就越多,农民的创业意愿就相应地越强烈。

创业文化氛围指的是当地居民、社会和文化对于创业的看法和态度。本文所研究的创业文化氛围具体是指本地有无鼓励人们独立和创业的氛围。显然,当地的创业文化氛围越浓厚,农民争相效仿创业的现象就越普遍,农民的创业意愿就相应地越强烈。

3.3 数据来源、模型构建与变量测量

本研究委托浙江大学在校大学生进行调查,调查者由农业经济管理专业的部分研究生和浙江大学"三农"协会中来自农村的学生组成;随机抽取 22 个省(区、市)的 100 名学生为调查成员,调查时间为 2012 年 1—3月,每位学生利用过年回家期间在家乡随机抽取 4 位未创业农民进行调查。由于学生家乡分布天南地北,因此可能存在调查对象过于分散的弊端,对于分析结果的科学性有一定的影响。

本次调查共发放问卷 410 份,回收问卷 399 份,得到有效问卷 360份,问卷回收率与有效问卷回收率分别为 97.32% 和 87.80%。从样本的区域分布情况来看,浙江省和山东省的样本量最多,这是由于受取样客观条件的制约,参与本次问卷调查的大多数调查者都来自浙江省和山东省。

本文将农民创业意愿的实证模型设为:

$$Y_1 = F(X_1, X_2, X_3)$$

其中,Y_1 表示被调查农民的创业意愿,X_1 表示个体因素,X_2 表示家庭因素,X_3 表示环境因素。

$$X_1 = f(x_{11}, x_{12}, x_{13}, x_{14}, x_{15}, x_{16}, x_{17}, x_{18})$$

其中,x_{11} 表示性别,x_{12} 表示年龄,x_{13} 表示受教育程度,x_{14} 表示婚姻状况,x_{15} 表示先前创业经历,x_{16} 表示社会资源情况,x_{17} 表示创业价值感知情况,x_{18} 表示冒险倾向。

$$X_2 = f(x_{21}, x_{22}, x_{23}, x_{24})$$

其中,x_{21} 表示家庭总人口,x_{22} 表示家庭劳动力人口,x_{23} 表示家庭年收入,x_{24} 表示家人支持情况。

$$X_3 = f(x_{31}, x_{32}, x_{33}, x_{34})$$

其中,x_{31} 表示政府政策环境,x_{32} 表示金融支持环境,x_{33} 表示基础设施环

境,x_{34}表示创业文化氛围。

综上所述,在影响农民创业意愿因素的实证模型中,影响农民创业意愿的因素共有三个,它们分别是个体因素、家庭因素和环境因素。每一个因素都可以由几个变量具体表现,共有16个变量表现这三个影响因素。这16个变量可以通过调查问卷中的16个具体问题获得相应解释,具体见表3-1。

表 3-1　实证模型变量解释和均值

变量名称	变量定义	均值
性别	0＝女,1＝男	0.68
年龄	18～60岁	34.49
受教育程度	受教育年数	11.07
婚姻状况	0＝未婚,1＝已婚	0.66
先前创业经历	0＝否,1＝是	0.15
社会资源情况	0＝否,1＝是	0.36
创业价值感知	1＝非常不同意,2＝比较不同意, 3＝中立,4＝比较同意,5＝非常同意	3.87
冒险倾向	1＝非常不同意,2＝比较不同意, 3＝中立,4＝比较同意,5＝非常同意	2.95
家庭总人口	家庭人口数	4.09
家庭劳动力人口	家庭劳动力人口数	2.92
家庭年收入	家庭年收入	8.58
家人支持情况	1＝非常不同意,2－比较不同意, 3＝中立,4＝比较同意,5＝非常同意	3.72
政策环境因子		
基础环境因子		
农民创业意愿情况	0＝没有创业意愿,1＝有创业意愿	0.60

3.4　数据分析与结果

　　本研究所考察的是农民创业意愿问题,结果只有两种,即有创业意愿和没有创业意愿。本文采用二元 Logistic 回归分析模型,将因变量的取值限制在 [0,1] 范围内,并通过最大似然估计法对其回归参数进行估计。设计模型时,本文把被调查农民的创业意愿设为因变量 Y,即 0—1 型因变量,将"有创业意愿"定义为 $y=1$,将"没有创业意愿"定义为 $y=0$。

　　本文运用 SPSS 18.0 统计分析软件对农民创业意愿的样本数据进行了二元 Logistic 回归处理。在处理过程中,采用了 Backward LR 的处理方法。首先将所有变量引入回归方程,然后对回归系数进行显著性检验,在一个或多个 t 检验值不显著的变量中,将 t 值最小的那个变量剔除,再重新拟合回归方程,并进行各种检验,直至得到最终结果。这样,一共有八种计量估计结果。由于篇幅的有限性,本文选择了第一步 Step 1 和最终结果 Step 8 两个模型,具体结果见表 3-2。

表 3-2　影响农民创业意愿因素的 Logistic 模型回归结果

解释变量	模型一			模型八		
	系数(B)	Wald 值	Exp(B)	系数(B)	Wald 值	Exp(B)
常数项	−0.196	0.019	0.822	−0.005	0.000	0.995
性别	0.578**	4.594	1.783	0.579**	4.794	1.785
年龄	−0.057***	11.304	0.945	−0.065***	23.824	0.937
受教育程度	0.003	0.004	1.003			
婚姻状况	−0.282	1.110	0.754			
先前创业经历	1.705***	12.303	5.503	1.593***	11.703	4.918
社会资源情况	1.747***	26.006	5.735	1.676***	26.697	5.344
创业价值感知	0.507***	7.423	1.660	0.510***	9.092	1.665
冒险倾向	−0.065	0.187	0.937			

续表

解释变量	模型一			模型八		
	系数(B)	Wald 值	Exp(B)	系数(B)	Wald 值	Exp(B)
家庭总人口	−0.232*	3.011	0.793	−0.203*	2.696	0.816
家庭劳动力人口	0.234	1.727	1.264	0.212	1.494	1.236
家庭年收入	−0.007	0.478	0.993			
家人支持情况	0.098	0.340	1.102			
政策环境因子	−0.124	0.698	0.884			
基础环境因子	−0.106	0.486	0.899			
预测准确率(%)			74.800			74.800
−2 Log Likelihood			304.177[a]			307.610[a]
Nagelkerke R^2			0.369			0.358

注：*、**、***分别表示在10%、5%和1%水平上统计显著。

首先，在个体因素中，农民的性别、先前创业经历、社会资源情况和创业价值感知情况与其创业意愿呈显著正相关，农民的年龄与其创业意愿呈显著负相关。可见，相比之下，男性、年纪较轻、有过先前创业经历、拥有一定的社会资源且对创业价值持肯定态度的农民往往具有更强烈的创业意愿。

其次，在家庭因素中，农民的家庭总人口与其创业意愿呈显著负相关。这说明农民的家庭人口数越多，越不可能选择创业；相反，农民的家庭人口数越少，越有可能选择创业。笔者推测，这可能与人口基数庞大的农民家庭现行收入已能满足基本生活要求，且规避创业风险有关。

再者，在环境因素中，政府政策环境、金融支持环境、基础设施环境及创业文化氛围对农民创业意愿的影响并不显著。笔者推测，这可能与本次调查样本数量有限、调查地区各项政策还不完善有关。这些环境因素均属于外部性因素，农民的创业意愿还是更多地受内部性因素影响。

3.5　结论与启示

本文研究结果表明,多数农民具有创业意愿,并且更倾向于在非农业领域创业。在具有创业意愿的被调查农民中,大多数认为创业是为了提高生活水平,目前遇到最大的障碍是缺乏创业所需的资源,没有发现合适的创业机会。在个体因素中,农民的性别、先前创业经历、社会资源情况和创业价值感知情况与其创业意愿呈显著正相关,农民的年龄与其创业意愿呈显著负相关。在家庭因素中,农民的家庭总人口与其创业意愿呈显著负相关。在环境因素中,政府政策环境、金融支持环境、基础设施环境及创业文化氛围对农民创业意愿的影响并不显著。基于以上结论,本文提出如下建议:

一是扶持农业创业,提供创业机会。针对农民倾向于在非农业领域创业的现状,政府应出台相关优惠政策鼓励农民回归农业,在农业领域创业。现阶段,非农业领域创业已相对成熟,非农业产业竞争也相对激烈,而农业领域还有很多商机可以挖掘。更何况农民长期扎根于农村,具有丰富的农业生产、经营经验,从事农业创业具有先天的优势。在此基础上,政府还应加快建设一批具有当地特色,可持续发展的创业基地、创业示范点等,提供创业机会,引导有创业意愿的农民开展初始创业和小资本创业。

二是提升农民素质,加强创业培训。农民的自身素质对创业意愿的形成具有基础性的影响作用。我们不仅要从提升农民的文化素质和专业技能入手,还要注意引导农民提高有利于创业成功的个性品质方面的修养,深化他们对于自己在推进创业成功中可能和应该发挥的作用的认识,进一步提升他们的创业能力。政府可通过建立完善的再教育体系、创办各种职业技术学校等方式,加强对农民的创业培训。

三是完善各项政策,促进年轻人创业。研究发现,男性、年纪较轻、有过先前创业经历的农民往往具有更强烈的创业意愿。尽管由于某些因素,这些农民没有继续之前所创的事业,但这部分农民相较于其他农民而言,具有丰富的创业经验和鲜明的个体特质,更有可能在今后重新选择创业,创业的成功概率也相对更高。因此,政府应完善各项政策,加强政策的执行力度,严把政策落实关。大力扶持具有先前创业经历的年轻人创业,既能在一定程度上缓解就业压力,又能推动当地经济增长。

四是营造创业氛围,鼓励沟通协作。研究结果表明,具有一定社会资源的农民更有可能选择创业。然而,在农村地区,社会资源分布往往并不均匀。因此,要推动更多农民从事创业,就要从营造创业氛围、鼓励沟通协作入手,促进已有的社会资源发挥更大的作用。创业氛围浓厚的地区,农民创业意识更强,创业活动更活跃。比如在浙江温州,几乎家家户户的农民都会选择创业,创业地点甚至遍布世界各地。而且,长期以来,温州农民都秉承着互利互通、相互协作的创业精神,使更多亲友、同乡脱贫致富,提高了生活水平。

(邢沁青　郭红东)

4 新生代农民工回村创业意愿的因素分析

4.1 引　言

　　进入 21 世纪以后,存在已久的"三农"问题开始凸显,对中国社会经济转型和现代化建设产生了深远影响。只有解决好"三农"问题,才能使中国改革和现代化事业进一步深化下去。解决"三农"问题,要用"两条腿走路",即不仅要依靠非农措施,更要立足于农村、农业和农民,从"三农"内部解决"三农"问题。农民是"三农"的核心,从"三农"内部解决"三农"问题,离不开农民积极性和创造性的发挥。然而,我国的现实情况是,农村中有大量劳动力外出务工,农村劳动力,尤其是青壮年劳动力的大规模、长期流失,导致农村社会"空心化"现象严重,农村发展遭遇了重重"瓶颈"。而作为社会经济发展的根本推动力,创业已成为一种普遍的社会现象。把农村建设与创业相结合,以农村为平台,以创业为载体,以年轻有为、敢想敢拼的新生代农民工为主体的农民工回村创业,则为"激活"农村、从"三农"内部解决"三农"问题开辟了一条新途径。新生代农民工回村创业不仅是对封闭的农业经营模式的超越,更是加快农业现代化、农村工业化的重要动力,是推动社会主义新农村建设的新模式。本文以新生代农民工为对象,从不同视角考察其回村创业的意愿及影响因素,并在此基础上提出相应的政策建议,以推动新生代农民工回村创业意愿向回村创业行动转化,进而促进社会主义新农村建设和"三农"问题的解决。

在本文中,新生代农民工回村创业是指16~30岁的农村劳动力在进城务工一段时间后,返回农村,利用打工增长的见识、本领和积累的资金等,在农村创办企业、发展工商服务业或投资商品性农业的行为。其中,回村的"村"是相对于城市而言的一个广义的农村概念,包括县(自治县)、乡(民族乡)及镇、村等。

4.2 新生代农民工回村创业决策的理论模型及影响因素分析

4.2.1 全球创业观察(GEM)理论

全球创业观察是1999年在考夫曼基金的赞助下,由美国百森学院和英国伦敦商学院的学者发起和成立的一个旨在评估创业活动率的国际性研究项目。GEM研究的目标之一就是揭示决定更高水平创业活动的影响因素,强调创业环境对创业活动的影响。根据GEM模型,在一定的社会、文化、政治氛围下,创业合成主要由创业环境条件决定,创业环境条件包括金融支持、政府政策、教育和培训、商业环境和专业基础设施、文化及社会规范、实体基础设施的可得性等。[①] 如果从创业主体的角度出发,影响创业者创业的因素还包括创业者的自身状况。因此,在分析新生代农民工回村创业的影响因素时,还要考察他们的个人特征。新生代农民工的个人特征包括人力资本、社会资本、思想观念及家庭状况等。基于GEM理论,本文提出了新生代农民工回村创业的决策过程,具体见图4-1。

由图4-1可知,在一定的社会文化氛围下,面对愿不愿意回村创业的问题,新生代农民工先会对自身条件及外部环境条件进行考察,然后得出对自身创业能力、外部创业机会的分析评估,最后综合创业能力和创业机

---

① 姜彦福,高健,程源,邱琼. 全球创业观察2003——中国及全球报告[M]. 北京:清华大学出版社,2004.

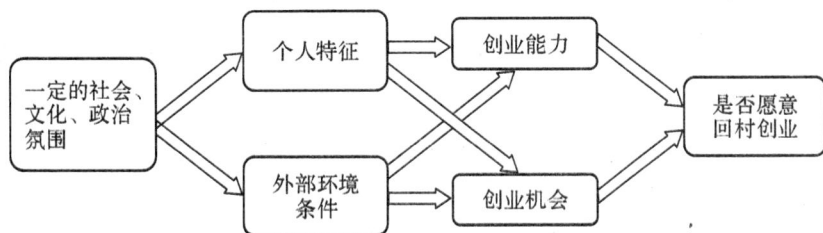

图 4-1　新生代农民工回村创业决策过程

会两方面的情况做出是否愿意回村创业的决策。

4.2.2　新生代农民工回村创业行为决策的理论模型

应用成本收益法,可设定新生代农民工回村创业决策的数学表达式:

$$D(R) = P\{(E-C)>R\}$$

其中,E 为新生代农民工回村创业的预期收益,C 为回村创业的成本,R 为回村创业的机会成本,也就是新生代农民工外出打工收益、回村务农收益和回村就业收益中的最大值。

该模型表明,新生代农民工回村创业的决策受到回村创业的预期收益、回村创业本身的成本及回村创业的机会成本的影响。只有当预期收益扣除创业成本后的净收益大于回村创业的机会成本时,新生代农民工才愿意回村创业。

上述模型中,新生代农民工回村创业的机会成本是相对容易确定的变量,而回村创业的净收益则难以确定,它取决于新生代农民工的个体因素及其所处的外部环境。回村创业净收益的数学表达式为:

$$\begin{cases} E-C = f\{F(X_i, Y_i)\} \\ \text{约束条件}:F(X_i, Y_i) \geqslant 0 \end{cases}$$

其中,$F(X_i, Y_i)$ 为内外部因素共同作用而产生的提高预期净收益的合力,X_i 为新生代农民工回村创业的动力机制和制约机制所涉及的个人因素,Y_i 为新生代农民工回村创业的动力机制和制约机制所涉及的外部环境因素。$F(X_i, Y_i) \geqslant 0$,意味着内外部因素共同作用的合力至少产生拉力作用。

综上所述,新生代农民工回村创业的决策受其个人及外部环境因素的共同影响。在一定的个人及外部环境条件下,新生代农民工是否愿意回村创业,只有在他们对回村创业成本与收益进行理性分析之后才能做出抉择。

4.2.3 影响新生代农民工回村创业意愿因素的理论分析

由上述分析可知,影响新生代农民工回村创业意愿的因素来自内外部两个方面。基于已有的研究[①]和对新生代农民工的访谈,我们将影响新生代农民工回村创业的因素归纳为:

第一,新生代农民工的个体因素。主要包括新生代农民工的性别、年龄、人力资本及社会资本特征、思想观念及家庭情况等。其中,人力资本用受教育程度、外出务工时间、更换工作次数、工资收入、组织管理能力、职业技能及培训等反映;社会资本通过新生代农民工常联系的朋友个数、交际能力的自我评价等反映;思想观念从新生代农民工对待风险的态度、对待创业风险的态度和人生价值观等反映;家庭情况用婚姻状况、家庭经济水平等反映。

第二,外部环境因素。具体是指回流地的经济发展水平、金融支持状况、创业优惠政策、基础设施建设、社会文化及商业环境和非农产业的发展水平等。其中,金融支持状况包括正规金融机构借贷和私人借贷。具体见图 4-2。

---

① 黄德林.中国农民创业研究[M].北京:中国农业出版社,2008;朱明芬.农民创业行为影响因素分析——以浙江杭州为例[J].中国农村经济,2010;石智雷、谭宇、吴海涛.返乡农民工家庭收入结构与创业意愿研究[J].农业技术经济,2010.

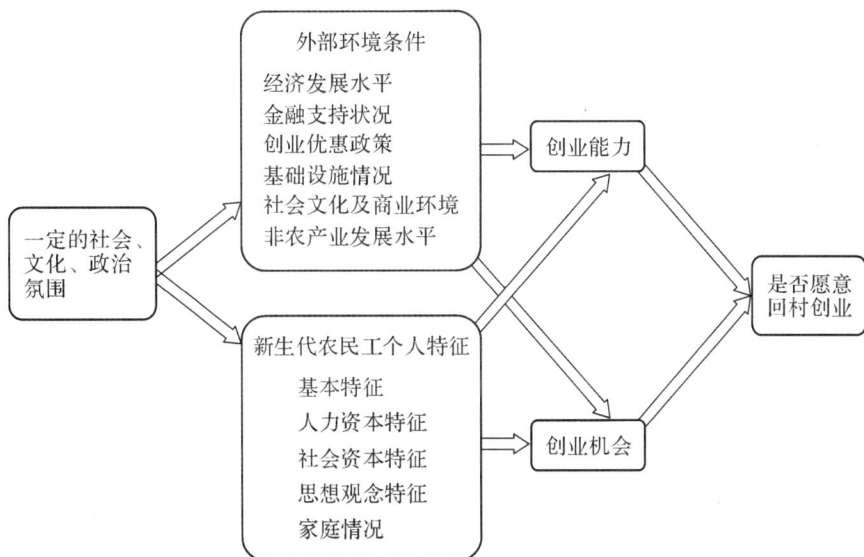

图 4-2　影响新生代农民工回村创业意愿的因素

4.3　影响新生代农民工回村创业意愿因素的实证分析

4.3.1　数据来源与样本描述性统计

本文的样本数据是在浙江大学后勤集团、杭州市西湖区三墩镇建筑工地、杭州市火车站等新生代农民工较为集中的地点通过问卷调查所得。课题组共发放调查问卷 300 份,实际回收 289 份,其中有效问卷 268 份。被调查者来自浙江、安徽、江西、河南、四川等省份,具有一定的代表性。

统计显示,65.1％的新生代农民工有回村意愿。相对于女性,男性中有更多人愿意回村;随着年龄的增长,新生代农民工的回村意愿也会增强;在有回村意愿的农民工中,83.24％的农民工打算回村创业,这表明创业已成为新生代农民工回村发展最主要的选择。

表 4-1　新生代农民工回村意愿及回村打算调查统计

新生代农民工		有回村意愿(%)	想过是否回村(%)	没有回村意愿(%)
性别	男	66.90	18.62	14.48
	女	61.64	21.92	16.44
年龄(岁)	16～19	57.50	32.50	10.00
	20～23	63.16	21.05	15.79
	24～27	65.12	16.28	18.60
	28及以上	76.32	7.89	15.79
回村打算	创业	83.24		
	就业	11.73		
	务农	5.03		

由表 4-2 可知,新生代农民工愿意回村创业主要是出于追求自身发展和照顾家人的目的,但也有一部分人是因为家乡有良好的创业机遇和创业环境而考虑回村创业;在回村创业的目标领域上,58.71％的人打算在工商服务业开拓自己的事业,17.42％的人希望在(商品性)农业中有所作为;对于回村创业的最大障碍,近 40％的新生代农民工认为是"缺乏资金",25.24％的人认为是"没有关系"。

表 4-2　有意愿回村创业新生代农民工的回村创业动机、领域及障碍

动机	照顾家人,亲情的召唤	更好发展,实现自我	把握家乡新兴的创业机遇、创业环境	为改变家乡面貌贡献力量	其他
比例(%)	24.18	29.41	15.69	15.04	15.68
领域	工商服务业	工业建筑业	(商品性)农业	其他	
比例(%)	58.71	12.90	17.42	10.97	
障碍	没有关系	缺乏资金	缺乏技术	缺少项目	其他
比例(%)	25.24	36.67	9.52	10.00	18.57

4.3.2　模型构建与变量说明

Logistic 回归是对分类变量进行回归分析时应用较为普遍的方法之一。二元 Logistic 回归模型中因变量只取两个值。本文中,令 $z=1$ 表示愿意回村创业,$z=0$ 表示不愿意回村创业,构建了二元 Logistic 回归方程。回归方程为:

$$z=b_0+b_1x_1+b_2x_2+\cdots+b_nx_n+c_1y_1+c_2y_2+\cdots+c_ny_n+\mu$$

式中,$x_i,y_i(i=1,2,\cdots,n)$ 为解释变量,分别代表个体因素、外部环境因素中的各项具体因素;b_0 为常数项,$b_i,c_i(i=1,2,\cdots,n)$ 为待估系数;μ 为随机干扰项。解释变量的具体说明见表 4-3。

表 4-3　变量说明

变量名称（符号）	变量定义	均值	变量名称（符号）	变量定义	均值
是否愿意回村创业(z)	1＝愿意,0＝不愿意	0.651	每月手机通讯费用(x_{15})	30 元及以下＝1,30～60 元＝2,60～90 元＝3,90～120 元＝4,120 元及以上＝5	2.980
性别(x_1)	1＝男,0＝女	0.665	常联络的朋友个数(x_{16})	3 个及以下＝1,4～6 个＝2,7～9个＝3,9 个及以上＝4	2.270
年龄 20～23 岁(x_2)	20～23 岁＝1,其他＝0	0.538	社交能力的自我评价(x_{17})	较强＝1,一般＝2,较弱＝3	1.780
年龄 24～27 岁(x_3)	24～27 岁＝1,其他＝0	0.198	创业风险态度(x_{18})	喜欢＝1,无所谓＝2,讨厌＝3	1.720
年龄 28 岁及以上(x_4)	28 岁及以上＝1,其他＝0	0.015	人生价值观(x_{19})	积极＝1,平常心＝2,消极＝3	1.050
初中文化程度(x_5)	初中＝1,其他＝0	0.481	婚姻状况(x_{20})	已婚＝1,未婚＝0	0.244

续表

变量名称 （符号）	变量定义	均值	变量名称 （符号）	变量定义	均值
高中或中专 (x_6)	高中或中专＝1,其他＝0	0.329	家庭经济水平的自我评价(x_{21})	上等＝1,中上等＝2,中等＝3,中下等＝4,下等＝5	2.940
大专或本科及以上(x_7)	大专或本科及以上＝1,其他＝0	0.190	经济发展水平（y_1）	好＝1,一般＝2,差＝3	1.800
外出务工时间(x_8)	1年及以下＝1,1～3年＝2,3～6年＝3,6～9年＝4,9年及以上＝5	2.620	非农产业发展水平（y_2）	好＝1,一般＝2,差＝3	1.920
目前打工收入(x_9)	1000元及以下＝1,1000～1500元＝2,1500～2000元＝3,2000～2500＝4	2.820	基础设施建设（y_3）	完善＝1,一般＝2,不完善＝3	2.120
更换工作的次数(x_{10})	次	1.960	社会文化环境（y_4）	支持创业＝1,一般＝2,不支持创业＝3	1.820
是否具备组织管理能力(x_{11})	是＝1,否＝0	0.160	正规金融机构借贷是否顺畅（y_5）	顺畅＝1,一般＝2,不顺畅＝3	2.710
是否学到技术(x_{12})	是＝1,否＝0	0.540	亲友借贷是否顺畅（y_6）	顺畅＝1,一般＝2,不顺畅＝3	1.680
是否接受过技能培训(x_{13})	是＝1,否＝0	0.550	是否了解创业优惠政策（y_7）	是＝1,否＝0	0.350
是否会主动学习新事物(x_{14})	是＝1,否＝0	0.390	取得政府支持难易程度（y_8）	容易＝1,困难＝2	1.780

4.3.3　实证结果与讨论

本文利用 SPSS 19.0 软件,采用向后逐步剔除法对 268 个调查样本的截面数据进行了 Logistic 回归处理。在数据处理中,首先将所有可能对因变量产生影响的自变量引入方程进行显著性检验,然后根据检验结果,把 Sig 检验值最大的变量剔除后再重新拟合回归方程,直到方程中变量的回归系数都通过显著性检验为止。经过 16 步回归,得到回归模型的结果,具体见表 4-4。总体上看,回归方程的拟合度基本上较令人满意,留在方程中的变量均通过了 10% 的显著性水平检验。

表 4-4　Logistic 模型回归结果

变量名称(符号)	B	S. E.	Sig 检验值	Exp(B)
高中或中专(x_6)	3.228	1.952	0.098*	25.237
外出务工时间(x_8)	−0.592	0.294	0.044**	1.807
更换工作次数(x_{10})	−0.213	0.125	0.090*	0.808
是否具备组织管理能力(x_{11})	0.599	0.339	0.077*	0.549
每月手机通讯费用(x_{15})	0.352	0.257	0.071*	1.422
社交能力的自我评价(x_{17})	−0.582	0.296	0.050**	1.789
创业风险态度(x_{18})	−0.490	0.276	0.077*	0.613
婚姻状况(x_{20})	−0.673	0.412	0.100*	0.510
非农产业发展水平(y_2)	−1.165	0.346	0.001***	0.312
基础设施建设(y_3)	−0.626	0.344	0.069*	1.869
−2 Log Likelihood=127.655；Nagelkerke R^2=0.492				

注:上表中变量系数均为非标准化系数；*、**、*** 分别表示在 10%、5% 和 1% 水平上统计显著。

由回归结果可知,影响新生代农民工回村创业意愿的因素主要可以归纳如下:

第一,个体因素中的外出务工时间、社会交往能力对新生代农民工回村创业意愿的影响较为显著。外出务工时间越长,新生代农民工回村创业的意愿越弱。这可能是由于进城务工时间长的新生代农民工对城市生活已比较适应和习惯,形成了相对稳定的社交圈,他们不太愿意回村开始新的生活;社交能力越强的新生代农民工,越有回村创业的可能。人们常说"社交能力是创业最重要的本钱",那些善于交际的新生代农民工回村后能够较快地适应新的生活,建立新"圈子",因而即使其自身或外部条件不足以支撑创业,也往往能通过自己的社交网络获得有关创业的帮助。

第二,受教育程度、组织管理能力、对待创业风险的态度等对新生代农民工回村创业意愿有重要影响。其他条件保持不变,高中或中专学历的新生代农民工回村创业意愿更强。可能的解释是,高中以下学历的新生代农民工缺乏足够的知识功底及学习新事物的能力,而本科及以上学历的新生代农民工通过上大学跳出了"农门",更倾向于在城市就业。在90%的可能性下,具备组织管理能力对回村创业意愿有正向影响。事实上也确实如此,在浙江大学后勤集团对数位女性新生代农民工进行访谈时,她们提到一直有回到家乡合作创办服装厂的想法,但由于中学一毕业就外出打工,也没受过管理方面的培训,缺乏组织管理方面的素质,因此至今没能将创办服装厂的想法付诸实践。此外,对创业风险的厌恶态度对回村创业意愿有负向影响。创业本身就是一项冒险活动,因此偏好风险型的新生代农民工可能有更强的回村创业意愿。

第三,外部环境因素中的非农产业发展水平通过了1%的显著性检验,表明它对新生代农民工回村创业意愿影响显著。由表4-2可知,在有回村创业意愿的人中,71.61%的人打算在非农业领域创业,因而,回流地现有的非农产业水平是新生代农民工考虑是否回村创业时的一个重要因素,它也是当地非农产业市场、商业氛围等的综合反映。在调查中,我们曾遇到一位在建筑工地打工的男性新生代农民工,他告诉我们他最想做的其实是回到家乡为小企业开发软件,但由于家乡的企业较少,对"无纸化"管理的认识也不多,因此回去"做软件"根本没什么"市场"。

第四,基础设施建设情况对回村创业意愿有重要的影响。虽然近年来我国对农村基础设施建设的投入大大增加,但东西部之间发展并不平衡。况且,对于新生代农民工而言,基础设施不只是传统的道路、水电网,还包括农村通讯网络、公共卫生服务、文化休闲设施,等等。

第五,个体因素中的性别、年龄、技能和培训、目前工资收入、人生价值观、家庭经济水平等,以及外部环境因素中的经济发展水平、金融支持状况、创业优惠政策等,对新生代农民工回村创业意愿有无显著影响,还有待进一步研究。

4.4　结论与启示

基于 300 名新生代农民工的调查,本文实证分析了新生代农民工回村创业的意愿及其影响因素。结果发现,"留城"并非大多数新生代农民工的意愿,65.1%的人愿意回村发展,且创业成了他们回村后最主要的选择;新生代农民工回村创业的意愿受到自身社交能力、受教育程度、组织管理能力和回流地非农产业发展水平、基础设施建设等因素的影响。对此,本文提出了以下相关政策建议,以期对推动新生代农民工回村创业意愿向回村创业行动转化、正确引导有意愿的新生代农民工回村创业、推动新农村建设等有所帮助。

首先,针对新生代农民工回村创业中社会交往能力与组织管理能力欠缺这两大"短板",积极建立健全新生代农民工社会化教育体系,培育新生代农民工的社会化能力。新生代农民工社会化教育应是公益性质的,该体系应由政府资助和主导,由地方大学、培训机构、职业学校等负责实施,并适时聘请社会知名人士或有关方面的专家学者与新生代农民工面对面进行交流。同时,应建立新生代农民工受教育后的追踪反馈机制,不断完善教育体系,并且向新生代农民提供持续的支持与帮助。

其次,针对新生代农民工对基础设施提出的新需求,加大对农村通讯网络、公共卫生与教育、精神文化等方面建设的投入力度,提高农村基础设施建设的质量和多元性。优化基础设施建设的主体应是政府,但也并不限于政府,可以是企业、非政府组织、村集体经济组织乃至新生代农民工群体本身;投资建设的标准应从本地实际出发,不能过高,但也不应低于基本水准;此外,在基础设施投资建设过程中应创造机遇、把握机遇,做到以投资带动建设、以建设带动生产,进而以生产推动新生代农民工回村创业。

再者,资金不足是新生代农民工回村创业意愿向行动转化中最大的"拦路虎"。因此,在深化农村金融改革的过程中,应着力提高回村创业农民工的信贷额度,适时、高效地成立新生代农民工回村创业专项基金。

最后,应研究新生代农民工了解政策、获取信息的新方式,创新政府政策传播渠道,发展手机、互联网等新型信息沟通方式,以加强政策传播的有效性;同时,必须完善政策传播后续工作,培育新生代农民工解读政策、运用政策的能力。

（林　雯　郭红东）

5 创业氛围、社会网络和农民创业意向

5.1 引 言

当前,学术界与政府均比较关注农民创业问题。作为减贫增收、带动就业的重要途径,农民创业扮演着缩小城乡差距的重要角色。因此,鼓励农民创业已成为解决"三农"问题的一项重要措施。

创业意向是创业行为的最佳预测指标(Bird,1988),向来是学者关注的焦点。已有的文献分别从个体特征和环境等方面研究了影响创业意向的因素,前者主要包括人口学特征、人格特质和认知特征,后者主要着眼于国家或地区经济、社会等环境。研究表明,年龄、性别、受教育程度、家庭背景、个人经历等因素都会影响创业意向(Reynolds,1995;Zhao and Seibert,2005)。在人格特质方面,众多学者探索了人格特质和创业意向之间的关系。在众多的人格特质中,"大五"因素(外倾性、随和性、可靠性、情绪稳定性、经验开放性)、主动性人格、成就动机、冒险倾向、独立性等是学者们研究的重点(Hmieleski and Corbett,2006;Barbosa et al.,2007;Zhao et al.,2009),自我效能感是学术界主要研究的认知变量,它被认为是影响创业意向的关键变量(Boyd and Vozikis,1994;Krueger and Brazeal,1994)。

关于环境对创业意向影响的研究不多,学者们重点关注了国家或地

区环境对创业发生率的影响(Mokry,1988;Bhave,1994;Ho and Wong,2007)。其中,最有影响力的是全球创业观察(GEM),该项目系统地研究了创业环境中的金融支持、政府政策、商业环境、文化和社会规范、基础设施等9个维度对一个国家(地区)新企业生成率等的影响(Reynolds et al.,2002)。在创业环境中,文化差异对于创业的影响一直颇受学者们的关注,众多学者从国家或地区层面比较了不同文化背景下创业率的差异(Davidsson,2004;Beugelsdijk,2007);另一些学者则研究了创业氛围对于创业活动的影响(Kline,2007;Chatman et al.,2008)。

此外,不少学者对个人社会网络与创业意向的关系进行了研究,结果表明,创业成功者的榜样作用会对潜在创业者的创业意向产生重要的影响(Davidsson,2004;Van Auken et al.,2006)。

基于不同的研究目的,国外学者重点关注了农村环境对农民创业过程的影响。国内一些学者则对农民创业意愿的影响因素进行了研究,重点探讨了个体特征对农民创业意愿的影响(钟王黎、郭红东,2010;石智雷等,2010;朱红根等,2010;汪三贵等,2010)。

虽然关于创业意向的研究文献非常丰富,但是目前研究仍存在一些不足之处。第一,国内学者对农民创业与创业意向之间的关系认识不足。研究表明,创业意愿对创业行为的预测力较差,采用绝对测量法而非连续测量法,并不能反映创业意向的程度问题。第二,对个体变量的研究试图通过寻找相似性来解释创业意向,但其解释力非常有限(Aldrich and Waldinger,1990)。天生的创业者和天生的非创业者都非常少,大多数人都在某种程度上具有一定的创业意向和创业能力。因此,通过在不同的环境下比较不同个体的差异来解释创业意向的影响因素,不可避免地会带来较大的偏差。第三,关于文化对创业意向影响方面的研究较为欠缺。尽管学术界已基本认同文化会对国家或地区创业意向产生影响,但却缺乏对于个体微观层面影响的研究;而且,目前的研究对文化的测量都是针对民族文化和一般文化,很少有针对地区创业氛围的研究。第四,关于个体社会网络对创业意向作用的研究相对不足。绝大多数研究仍停留在验证创业榜样对创业意向的直接影响上,缺乏对社会网络其他方面,如网络支持的影响分析,更没有进一步研究社会网络在什么情况下、以什么方式起作用。

基于此,与大多数学者关注"为什么有些农民有意向成为创业者而另一些没有"的研究问题不同,本文聚焦于探究农村地区的创业氛围、个体社会网络对农民创业意向的影响。

本文接下去的部分安排如下:首先,从理论上分析创业氛围、个体社会网络与农民创业意向之间的关系,并在此基础上提出了待检验的假说;然后,通过对调查数据的统计分析来检验前面提出的假说;最后,得出本文的研究结论及启示。

5.2 研究假说

5.2.1 创业氛围与农民创业意向

创业氛围主要是指区域范围内的创业文化环境,是某个区域内关于创业的一种社会氛围,包括人们形成的对创业的价值判断、主观规范和态度等(Noseleit,2009)。地区创业氛围会影响该区域内的人们对于创业所持的态度:首先,一个地区创业氛围愈浓,关注创业活动的人越多,人们对于创业的兴趣也就越大;其次,公众对创业的态度会影响潜在创业者的信心,使他们对创业更倾向于持正面的态度;再者,个人的行为倾向会受到社会趋同性压力的影响,也就是说,创业活动在一个地区比较流行,该区域内成员的创业意愿就越强(Bowles,2003)。地区创业氛围往往代表着该区域内的人们关于创业的价值判断、社会规范,社会公众对创业活动和创业者的态度和评价会影响潜在创业者对风险的规避程度,进而影响他们的创业倾向。社会价值观与规范影响着人们的认知方式和行为,能发展某些个人特质和能力,塑造个人对于创业活动的感知,影响他们的创业意向(Zahra,Jennings and Kuratko,1999)。有别于城市社区,当前中国农村基本上仍然处于"乡土社会"之中(费孝通,2008)。在这个熟人社会中,农民在农村社区内的日常行为互动更加具有天然性或强制性,互动产生的共同价值观和社会规范最终便形成了社区氛围。因此,相比于其他的社区,农村社区一旦形成支持性的创业氛围,对于农民的创业意向会具有更强的影响。由此,本文提出

假说1:农村地区的创业氛围越浓,农民表现出更高的创业意向。

5.2.2 个人社会网络与农民创业意向

个体社会网络是由个人的主要社会关系组成的人际关系网。社会心理学视角的研究主要关注社会环境如何影响个体成为创业者(Simonton,1975),特别是潜在创业者的社会网络。个人社会网络对创业意向的影响主要体现在行为榜样和网络支持上面。

个人社会网络中的成功创业者能激发个体的创业意愿(Scherer et al.,1989),提高个体的创业信心,提升个体的创业自我效能感,进而影响个体的创业意向(Van Auken et al.,2006)。若个体相信行为榜样的某些特征和自己相似,这个行为榜样扮演一个合意的社会角色,他便会参照榜样形成个人的职业偏好或行为模仿(Witt,1991)。行为榜样提供了表明这个目标是能够实现的活生生的证据,识别、对照行为榜样能够帮助人们定义自我感觉,从而提高他们的创业自我效能感(Gibson,2004)。因此,行为榜样通过提供正当性和鼓励提高了个体的创业希求性,激发了人们去实现创业梦想的雄心(Koellinger et al.,2007)。社会认知理论还提出,通过观察行为榜样,个体将学会如何区分有效和无效的行为(Bandura,1986),发展出创业所需的知识和技能,从而使他们感觉更有胜任创建新企业的能力,进而增强了他们的创业意向(Gibson,2004)。个人社会网络中的强关系,特别是家人的态度,会影响个人对于创业的态度与评价(Uphoff,1998);同样,对于很多人而言,是否创业这样的重要决策需要家人、朋友的情感支持(Moore,1990)。另外,潜在创业者的自身资源有限,必然需要家人、亲戚朋友的帮助来克服资源约束,因此,感知的强关系支持能增强他们对创业可行的信心,提高他们的创业意向。

相对于城市,农村社区成员之间的互动更加频繁,成员之间更容易产生信任;因此,家人、亲戚或朋友更有可能成为个体的行为榜样。当然,类似于前面的分析,强关系能给予潜在创业者物质和情感上的支持,增强他们的创业意向。由此,本文提出

假说2:个体社会网络中有成功的创业者,农民表现出更高的创业意向。

假说3:感知的网络支持越强,农民表现出更高的创业意向。

5.3 数据搜集与变量测量

5.3.1 样本选取与数据搜集

本文以农村非创业农民为对象,以问卷调查的方式搜集数据。农村非创业农民是指调研时属于非创业者,没有创办各类工商企业以及经营规模化农业和开发性农业的农村居民。

本文委托浙江大学在校大学生负责开展调查,调查者由农业经济管理专业的研究生和浙江大学“三农”协会中部分来自农村的学生组成;随机抽取17个省(区、市)200名学生为调查成员,调查时间为2011年1—2月,每位学生在老家随机抽取5位非创业农民调查,采取自填问卷调查的形式,考虑到部分农民文化程度较低,调查者给予相应指导。本次调查共发放问卷1000份,回收问卷750份,得到有效问卷644份,问卷回收率与有效问卷回收率分别为75.00%和64.40%。

从被调查者的性别来看,男性占36.34%,女性占63.66%。从被调查者的年龄来看,30岁及以下的被调查者占35.40%,30~40岁的占20.50%,40~50岁的占39.13%,50岁及以上的占4.97%。从被调查者的受教育程度来看,小学及以下文化程度占16.15%,初中文化程度占31.06%,高中文化程度占33.54%,高中以上文化程度占19.25%。从样本所在区域来看,浙江省最多,占29.19%,河南省次之,占8.70%,陕西

省和广东省最少,约占 2.33%。

5.3.2 变量与测量

对于创业意向的测量,目前比较成熟的有 Chen、Greene 和 Crick (1998)及 Thompson(2009)的个体创业意向量表。由于缺乏两个量表在中国背景下的测量信度和效度,笔者运用预调查数据,对两个量表测量结果进行了比较,结果发现,Chen、Greene 和 Crick(1998)的量表比较符合研究设想,因而,我们选用该量表来测量农民的创业意向。具体测量项目、测量方法和测量结果见表 5-1。

对于创业氛围的测量,目前还没有比较成熟的量表。根据已有的相关文献,本文选取公众对失败的宽容度(Beugelsdijk and Noorderhaven, 2004)、当地社会对创业者的尊重程度(Jackson and Rodkey,1994)、鼓励人们有新的想法和做法(Grundsten,2004)、鼓励承担创业风险(Thomas et al.,2004)等测量项目作为量表。具体测量项目、测量方法和测量结果见表 5-1。

对于网络支持的测量,本文借鉴 Grundsten(2004)的测量项目,具体测量项目、测量方法和测量结果见表 5-1。

表 5-1　创业意向、创业氛围及网络支持测量项目、测量方法和测量结果

	测量项目	测量方法					均值	标准差
创业意向	我对创业很感兴趣	1=完全不同意	2=比较不同意	3=中立	4=比较同意	5=完全同意	3.430	1.116
	我自己经常会考虑是否要创业	1=完全不同意	2=比较不同意	3=中立	4=比较同意	5=完全同意	3.340	1.170
	我为创办一家自己的企业做好了准备	1=完全不同意	2=比较不同意	3=中立	4=比较同意	5=完全同意	2.460	1.162
	我会尽最大的努力去自主创业	1=完全不同意	2=比较不同意	3=中立	4=比较同意	5=完全同意	3.150	1.241
	我不久后就很有可能会去创业	1=完全不同意	2=比较不同意	3=中立	4=比较同意	5=完全同意	2.870	1.189

测量项目		测量方法			均值	标准差
创业氛围	鼓励承担创业风险	1＝完全不同意　2＝比较不同意	3＝中立	4＝比较同意　5＝完全同意	3.140	1.004
	公众对失败的宽容度	1＝完全不同意　2＝比较不同意	3＝中立	4＝比较同意　5＝完全同意	3.150	0.913
	当地社会对创业者的尊重程度	1＝完全不同意　2＝比较不同意	3＝中立	4＝比较同意　5＝完全同意	3.490	0.850
	鼓励人们有新的想法和做法	1＝完全不同意　2＝比较不同意	3＝中立	4＝比较同意　5＝完全同意	3.320	0.971
网络支持	家人支持	1＝完全不同意　2＝比较不同意	3＝中立	4＝比较同意　5＝完全同意	3.830	1.066
	亲戚支持	1＝完全不同意　2＝比较不同意	3＝中立	4＝比较同意　5＝完全同意	3.750	0.947
	朋友支持	1＝完全不同意　2＝比较不同意	3＝中立	4＝比较同意　5＝完全同意	3.860	0.952

我们从总体样本中随机抽取了 120 份问卷作为样本 1,进行创业意向的探索性因子分析,剩余的 524 份问卷作为样本 2,进行验证性因子分析。表 5-2 给出了探索性因子分析的结果。结果显示,样本数量是充分的,测量工具的内部一致性信度符合要求,适合提取公共因子,提取的这个公共因子就是创业意向,我们用该公共因子值代替原来的 5 个观测变量值来进行回归分析。

表 5-2　创业意向探索性因子分析

测量项目	因子载荷	信度系数
我对创业很感兴趣	0.815	
我自己经常会考虑是否要创业	0.845	
我为创办一家自己的企业做好了准备	0.767	0.885
我会尽最大的努力去自主创业	0.872	
我不久后就很有可能会去创业	0.836	
特征根值	3.426	
累计方差解释率(%)	68.522	

注:公共因子提取方法为主成分方法;KMO 样本充分性检验值为 0.830;Bartlett 球形检验值为 436.027。

同样,本文利用样本 1 进行创业氛围的探索性因子分析,用剩余的 524 份问卷作为样本 2 作验证性因子分析。表 5-3 中的探索性因子分析结果显示,适合提取公共因子,提取的这个公共因子就是创业氛围,我们用该公共因子值代替原来的 4 个观测变量值来进行回归分析。

表 5-3　创业氛围探索性因子分析

测量项目	因子载荷	信度系数
鼓励承担创业风险	0.823	
公众对失败的宽容度	0.745	
当地社会对创业者的尊重程度	0.743	0.758
鼓励人们有新的想法和做法	0.740	
特征根值	2.334	
累计方差解释率(%)	58.350	

注:公共因子提取方法为主成分方法;KMO 样本充分性检验值为 0.745;Bartlett 球形检验值为 150.410。

同样,本文利用样本 1 进行网络支持的探索性因子分析,用剩余的 524 份问卷作为样本 2 作验证性因子分析。表 5-4 中的探索性因子分析结果显示,适合提取公共因子,提取的这个公共因子就是网络支持,我们用该公共因子值代替原来的 3 个观测变量值来进行回归分析。

表 5-4　网络支持探索性因子分析

测量项目	因子载荷	信度系数
家人支持	0.909	
亲戚支持	0.936	0.850
朋友支持	0.786	
特征根值	2.321	
累计方差解释率(%)	77.366	

注:公共因子提取方法为主成分方法;KMO 样本充分性检验值为 0.751;Bartlett 球形检验值为 266.329。

对于创业榜样,我们采用"在你的家人、亲朋好友中,是否有创业成功者"作为分类变量,来测量被调查者是否有创业榜样,回答"有创业成功者"赋值为1,回答"没有创业成功者"赋值为0。测量结果均值为0.552,标准差为0.499。

5.4　数据分析与结果

本文利用递进式的多元回归方法研究创业氛围、网络支持及创业榜样对农民创业意向的影响。我们选取性别、年龄、受教育程度以及创业经历作为控制变量,其中年龄、受教育程度为连续变量,性别("男性"赋值为1,"女性"赋值为0)、创业经历为分类变量("有创业经历"赋值为1,"没有创业经历"赋值为0),以哑变量的形式进入回归。具体的回归模型如下:

$$EI_1 = \alpha_1 + \beta_{11}GENDER + \beta_{12}AGE + \beta_{13}EDUCATION$$
$$+ \beta_{14}BE + \varepsilon_1 \tag{1}$$

$$EI_2 = \alpha_2 + \beta_{21}EA + \beta_{22}BM + \beta_{23}NS + \beta_{24}BENDER$$
$$+ \beta_{25}AGE + \beta_{26}EDUCATION + \beta_{27}BE + \varepsilon_2 \tag{2}$$

在(1)式和(2)式中,EI为创业意向,EA、BM、NS分别表示自变量创业氛围、创业榜样、网络支持,$GENDER$、AGE、$EDUCATION$、BE分别表示性别、年龄、受教育程度和创业经历等控制变量。

模型1和模型2分别是控制变量模型和全模型,我们采取逐步加入控制变量、自变量的递进回归模型来进行数据分析。在进行回归分析之前,对模型中可能存在的多重共线性、异方差和序列相关问题进行了相关检验。

在两个模型中,各变量的VIF值(方差膨胀因子)均大于1且小于2,说明两个模型不存在多重共线性问题;DW值分别为1.617和1.527,说明两个模型不存在序列相关问题;分别对回归模型以标准化预测值为横轴、标准化残差为纵轴进行残差项的散点图分析,散点图呈无序状态,说明两个模型不存在异方差问题。回归分析结果如表5-5所示。

模型 2 的回归分析结果显示,创业氛围对农民创业意向有显著的正向预测作用,也就是说农村地区的创业氛围越浓,农民表现出更高的创业意向。这个结果与我国各地的实际情况是非常一致的。如在浙江等创业活动频繁的地区,之所以农民有较高的创业意向,与当地社会对创业者的尊重、对创业失败的容忍度较高以及鼓励大家创新的良好社会氛围有关。因此,假说 1 得到了验证。创业榜样对农民创业意向有显著的正向预测作用,也就是说个体社会网络中有成功的创业者,农民将表现出更高的创业意向。这个结果也是与我国实际情况相符合的。农民创业主要以模仿型创业为主,成功的创业榜样为其他农民创业提供了学习和模仿的机会。因此,假说 2 得到了验证。此外,网络支持(强关系支持)对农民创业意向也有显著的正向预测作用,即感知的网络支持越强,农民表现出更高的创业意向。这个结果与我国的实际情况也是相符合的。与其他创业不同,农民创业一般以家庭创业为主,如果没有家人、亲戚和朋友的支持,创业几乎是不可能的。因此,假说 3 得到了验证。

表 5-5　创业氛围、社会网络及其他变量对农民创业意向影响的回归结果

自变量	因变量(农民创业意向)	
	模型 1	模型 2
常数项	−0.450	−0.782
性别(女性为参照组)	0.243	0.137
年龄	−0.014	−0.009
受教育程度	0.064**	0.058**
创业经历(以没有创业过的农民为参照组)	0.732***	0.704***
创业氛围	—	0.150*
创业榜样	—	0.206**
网络支持	—	0.391***
R^2	0.156	0.250

注:*、**、*** 分别表示在 10%、5% 和 1% 水平上统计显著。

5.5　结论与启示

本文从"什么样的情况下农民更有意向成为创业者"这一角度来考察农民的创业意向。研究表明,农村地区的创业氛围、创业榜样、网络支持是影响农民创业意向的重要因素。

首先,农村地区的创业氛围越浓,农民表现出更高的创业意向。农村地区长期形成的社会价值判断、规范等,会影响嵌入其中的农民的态度和行为,进而影响他们的创业意向。因此,农村社区一旦形成支持性的创业氛围,将会增强农民的创业意向。

其次,农民创业意向会受到创业榜样和网络支持的正向影响,也就是说,个人社会网络中有成功的创业者,农民会表现出更高的创业意向。感知的网络支持程度越高,农民的创业意向程度也越高。家人、亲戚或朋友中有成功的创业者将激发农民的创业意愿,提高他们的创业自我效能感,进而增强农民的创业意向。感知的强关系支持能增强农民对创业可行的信心,进而增强他们的创业意向。

本文研究对于创业实践和创业政策的制定具有重要的政策启示。对于创业实践而言,本文研究表明,创业成功者应更加意识到他们对于其他人创业行为的影响,从而更加积极地鼓励潜在创业农民开启自己的创业活动。对于潜在创业农民的家人和亲朋好友而言,应更多地理解、支持创业活动,因为这有助于潜在创业农民增强创业信心。对于相关政府部门而言,应积极促进农村地区的创业活动,除了出台改善农村创业环境,提供税收减免、资金与管理支持等政策措施外,还可以从培育农村创业文化氛围入手,弘扬创业精神,宣传农民创业典型,营造鼓励尝试、宽容失败的良好氛围,进而改变公众的创业偏好,全面提升农村地区的创业活动水平。

(蒋剑勇　郭红东)

6 社会网络、先前经验与农民创业机会识别

6.1 引　言

当前,无论是理论界还是各级政府,都比较关注农民创业问题。研究农民的创业行为,首先需要回答的是"为什么有些农民能识别创业机会而其他人没有",本文试图从不同的视角来初步回答这个问题。

作为新企业创建的关键初始步骤,机会识别是创业研究中的基本问题(Ozgen and Baron,2007),一直备受学术界的关注。Kirzner(1973)率先从创业者的个体角度研究机会识别,指出创业者通过对市场的感觉来发现创业机会;这种独特的洞察力就是创业警觉,创业警觉性越高,识别创业机会的可能性也越大。目前的研究主要从两个方面来探索个体因素和机会识别之间的因果关系:一是创业机会信息的可获得性,二是对创业机会信息的认知能力(Shane,2003)。先前工作经历、社会网络等因素会影响人们获取与创业机会有关的信息,而先前知识、个人特质等因素则会影响人们对创业机会信息的理解和认知。

在个人特征方面,除了一般的年龄、性别、学历等特征变量外,研究还强调了个体乐观精神、创造力对于创业机会感知的重要性。研究表明,乐观精神与自我效能感相关,它是对创业成功可能性的内在观点,使人们更倾向于看到机会而非威胁(Lee and Wong,2006)。

人们关于某一特定主体的先前知识可能来自于工作经历(Cooper et al.,1994)和教育等(Gimeno et al.,1997)。先前知识使得人们更加关注于关键信息,努力提高信息的处理效率,以增强创业机会的识别能力(Smith et al.,2009)。研究表明,先前的三类知识对于机会识别非常重要,它们是市场知识、市场服务方式知识以及顾客问题知识(Shane,2000);而创业者兴趣领域的知识和长期工作积累的知识这两者的综合,会使创业者更容易发现创业机会(Sigrist,1999)。

先前的行业工作经历有助于个体认识到该行业中相关信息的价值,特定岗位的工作使得个体更容易识别未满足的顾客需求,获取有价值的新技术信息等(Shane,2003)。多样化的工作经历有助于人们接触不同的信息,提高了识别创业机会的可能性(Romanelli and Schoonhoven,2001);有创业经历的个体更容易洞察信息价值,从而识别出潜在的创业机会(Ucbasaran et al.,2009)。

作为信息的重要来源之一,社会网络一直被视为人们获取创业机会信息和识别创业机会的重要途径(Singh et al.,1999)。社会网络会影响人们接受到什么样的信息以及信息的质量、数量和速度,而机会识别则是个体获取、解读信息价值的过程。因此,创业者的个人社会网络是影响机会识别的关键因素。已有的研究主要集中在个体社会网络的规模、强度、密度等特征对创业机会识别的影响上(Ozgen and Baron,2007;张玉利等,2008),在一定程度上解释了具有什么样的社会网络的个体更有可能识别创业机会。

国外针对农民创业机会识别的研究不多,Ozgen and Minsky(2007)探讨了人力资本、社会网络、环境等对于农民识别创业机会的作用,而Bhagavatula等(2010)则研究了人力资本、社会资本对于印度纺织业中农民创业机会识别的影响。

近来,国内也有一些学者开始关注农民的创业机会识别问题。通过对14名农民创业者的深度访谈,黄洁等(2010)提出了本地强连带相比于外地弱连带对于创业机会识别的影响更大。在另一项对263名农民创业者的调查中,黄洁和买忆媛(2011)发现,农民创业者强连带数量和弱连带数量对于创业机会识别类型的影响是不同的,前者作用于机会认出而后者作用于机会创造。另外,郭红东和丁高洁(2012)基于全国部分创业农民调查数据,发现农民创业者的强关系规模、创业资源以及打工经历、创业经历和培训经历都对创业机会识别的数量有影响。基于豫、浙、渝三省(市)518名农民创业者的调查结果显示,人口学特征、心理特质以及环境因素均是影响农民创业者的重要因素,而且农民创业者的社会网络规模正向影响创业机会识别(高静等,2012;高静等;2013)。此外,郭红东和周惠珺(2013)的研究表明,先前工作经验和培训经历不仅对农民创业机会识别有直接影响,而且还会通过创业警觉性对农民创业机会识别产生间接作用。

虽然关于农民创业机会识别的文献已经比较丰富,但仔细梳理后仍发现存在一些不足之处。第一,对于创业机会识别的测量存在问题。创业机会识别一般是作为因变量出现在研究模型中,目前的研究一般采用两种测量方法:一是以是否创建新企业来表征识别机会与否,一是询问被调查者过去或未来一段时间识别机会的数量。前一种方法忽视了非创业者也有可能曾发现过创业机会,只是没有充分把握这个机会;后一种方法则明显会出现被调查者的自我报告偏差。第二,在社会网络对于农民创业机会识别的影响方面,研究挖掘得还不够深入。目前的研究主要集中在个体社会网络的规模、强度、密度等特征对创业机会识别的影响,忽视了农村地区创业榜样的作用。虽然已有的研究表明强关系中的创业榜样对农民创业机会识别有正向影响(郭红东和丁高洁,2012),但是并未能阐明其作用机理。考虑到农民创业以及农村社区内聚型社会资本的特点,模仿性甚至复制性创业可能在农民创业活动中占有相当大的比例,而目前的研究并没有分析农村地区存在的可效仿创业者对于农民识别创业机会可能存在的重要影响。第三,在先前经验对于农民创业机会识别的影响方面研究不足。尽管学术界已基本认同先前的工作经历对于创业机会识别的影响,但对于什么样的工作经历影响农民创业机会识别却缺乏研究。

基于此,本文主要关注下述研究问题,即为什么有些农民能识别创业机会而另一些没有? 具体而言,我们聚焦于探究农民社会网络、先前经验以及农村地区创业榜样对农民识别创业机会的影响。

6.2 理论与研究假设

6.2.1 社会网络与农民创业机会识别

学者们普遍认为,创业机会识别的关键在于获取创业机会的信息(Shane,2000;Ozgen and Baron,2007);而作为最重要的信息来源,社会网络扮演着重要的角色。也就是说,一些人之所以能够获得新信息、发现创业机会,其原因在于他们嵌入了不同的社会网络。

个体社会网络是由个人主要社会关系组成的人际关系网,其中,网络规模是影响人们获取信息的主要网络变量。社会网络中的每一个联系人都代表着一条信息通道,网络规模越大,就能接触到更多的非冗余信息,使行动人更有可能获取新的创业机会(Burt,2004)。

大量研究表明,在机会识别过程中,创业者可借助社会交往活动,从其他网络成员那里获取与创业机会相关的信息;交往圈子越广泛的创业者,所能获取的相关商业信息越丰富,也越容易发现难以被其他人发现的创业机会(Ardichivili et al.,2003)。因此,社会交往能帮助个体感悟并获取有关市场变化、顾客需求等方面的信息,从而更好地识别创业机会(Singh,2000)。

当前,中国的农村基本上仍然处于"乡土社会"之中(费孝通,2008),在这种以关系为本位的社会中,潜在的农民创业者利用以血缘、地缘为中心的人际关系网络,来实现个人社会网络中独立集群之间的信息交流,并进一步扩展其社会网络边界,形成一种正反馈环路。通过这种环路,潜在农民创业者更容易获得信息,从而大大提高了识别创业机会的可能性。因此,潜在农民创业者所嵌入的网络规模越大,越有助于其接触到更丰富

多样的信息,从而更有可能识别创业机会。由此,我们提出

假说1:农民的社会网络规模越大,其越有可能识别创业机会。

国外研究者一般认为,弱关系能给创业者带来更多的异质信息,充当更好的信息桥作用(Granovetter,1973),而在中国,强关系更加受到一些学者的关注(Rong et al.,2011)。他们认为,弱关系理论建立在西方个人主义文化的基础上,对于崇尚集体主义文化的中国并不适用。在集体主义文化背景下,个体间社会交往的质量高低取决于他们是否属于同一个群体。研究表明,在集体主义文化背景下,一般信任度或者社会信任度是较低的(Huff and Kelley,2005),只有群体内的,也就是强关系的信任度才较高。信任程度会影响信息分享的方式,不同的文化背景也会影响信息的共享效率。在集体主义文化下,由于缺乏社会信任度,一方面,人们倾向于不愿与弱关系或者陌生人分享一些有价值的信息;另一方面,人们倾向于质疑从弱关系或者陌生人那里所获取的信息。因此,在集体主义文化背景下,弱关系并不能给行为人带来更多的有价值的信息,而建立在情感和信任基础上的强关系则更具有价值。

其实,关于中国的社会网络,费孝通(2008)早就提出了"差序格局"的概念,认为中国人的社会交往是以自己为中心的,习惯于将社会网络成员分为自己人与外人。随着市场经济的逐步完善,中国城市社会发生了巨大的变化,很多信息人们都可以通过市场途径获取;而在中国农村地区,相对的封闭性使得农民获取市场信息的途径较为有限,因此,社会网络仍是其获取信息的重要途径。目前,相对于城市,中国农村地区仍相对保持了传统中国的集体主义文化特征,由于社会信任感的缺失,人们更愿意相信家人、亲属和朋友,而非弱关系圈子。因此,基于情感、信任的强关系能够更有效地传递有价值的信息,也更有助于农民识别创业机会。由此,我们提出

假说2:农民的社会网络关系强度越高,其越有可能识别创业机会。

社会网络对农民发现创业机会的影响还可能体现在创业榜样的作用上。创业榜样作为创业活动的行为榜样,是指先前创业已经取得成功的

创业者。社会认知理论认为,行为榜样是指个体因为感知某种相似性而期望去效仿的对象(Gibson,2003)。

创业榜样对于潜在创业者识别创业机会的影响体现在两个方面:其一,领先创业者的创业活动使得模仿创业者更容易发现创业机会,因为有先前已经证实成功的创业机会可以作为参考;其二,先前的成功创业者促使人们的注意力向某些创业机会或者商业概念集中,因此,对于这类机会的积极搜寻增加了潜在创业者发现创业机会的可能性。

在农村熟人社会中,农民在社区内的日常行为互动更加具有天然性或强制性,农村社区成员之间的互动也更加频繁。在这个区域内,人们具有相似的心智模式和信息通路,由此带来了资源集聚和信息共享,因此会内生产生许多创业机会。在沿海农村地区,有很多产业集聚的现象,先前的成功创业者为后续创业者提供了榜样,地理区位的相邻性有利于知识溢出,其结果就是吸引更多的模仿者相继抓住类似的创业机会,实施创业活动。另外,亲戚朋友中的创业成功者可以充当导师的作用,帮助潜在创业者分析复杂的信息,更好地识别创业机会。由此,我们提出

假说3:农村地区的创业榜样越多,农民越有可能识别创业机会。

6.2.2 先前经验与农民创业机会识别

某些人发现了创业机会而其他人没有,是因为他们拥有了其他人缺乏的信息,这些信息可能使他们更容易发现其他人忽视的某些创业机会。除了社会网络这个重要的信息来源,潜在创业者的先前经历也是获取信息的重要渠道。其一,先前的销售工作经历是获得创业机会信息的重要途径之一。销售人员需要直接面向市场,最先了解顾客的需求与偏好,知道什么样的产品与服务才能获得顾客的认可,这就为他们发现创业机会提供了很好的基础。其二,先前的技术工作经历也有利于发现创业机会。技术工作涉及新产品的开发与研究,能创造新的知识,这其中就孕育着新的创业机会(Shane,2000)。其三,先前的创业经历更加有助于识别创业机会。创办和运行一家企业能够获取信息和知识,这些信息和知识可以

成为挖掘新的创业机会的基础。而且,创办企业的活动能够使创业者发现其他的创业机会,而这些机会在他开启创业行动前是难以察觉的(Ronstadt,1988)。此外,通过创办企业,企业家建立起良好的社会网络体系,有助于他们发现新的创业机会。

识别创业机会不仅仅是能够接触信息,对于信息的解读能力同样重要。即使面对相同的信息,个体的反应也不尽相同。由于先前知识与经验的不同,潜在创业者对于相应信息价值的认识也不同。Shane(2000)指出,先前工作中积累的市场知识、市场服务方式和顾客问题知识有助于提升个体解读机会信息的能力;使他们面对顾客遇到的问题时,能够提供相应的解决方案,因而强化了他们发现创业机会的能力。销售工作与Shane(2000)描述的三方面知识密切相关,也就是说,农民的先前销售工作经历能够提高他们的信息吸收能力,进而增加创业机会的可能性。类似地,农民的创业经历能提高创业者解读信息的认知能力,强化其对创业信息的警觉性,从而使他们更有可能发现潜在的创业机会。

综合以上分析表明,先前经验有助于获取更多的机会信息,提高农民的信息吸收能力和信息解读能力,增强农民识别创业机会的可能性。因此,本文进一步提出

假说4:有销售工作经历的农民更有可能识别创业机会。

假说5:有技术工作经历的农民更有可能识别创业机会。

假说6:有创业经历的农民更有可能识别创业机会。

6.3　数据来源与变量测量

6.3.1　数据来源

本文使用的数据来自于课题组于2011年1—2月期间所做的问卷调查。本次调查共发放问卷1500份,其中非创业农民问卷1000份,回收有效问卷644份,创业农民500份,回收有效问卷324份。从性别分布来

看,男性占 70.25％,女性占 29.75％。从年龄分布来看,30 岁及以下的被调查者占 29.65％,30～40 岁的占 29.24％,40～50 岁的占 34.09％,50岁及以上的占 7.02％。从教育程度分布来看,小学及以下文化程度的占13.64％,初中文化程度的占 33.06％,高中文化程度的占 34.71％,高中以上文化程度的占 18.60％。从样本所在地区上来看,浙江省最多,占32.75％,河南省次之,占 8.57％,宁夏回族自治区最少,占 1.96％。

6.3.2 变量测量

1. 因变量

创业机会是一种通过新的方法和手段整合资源,以满足市场需求、创造新的价值的机会(Shane,2003)。奥地利学派经济理论认为,现实市场经常处于非均衡状态,价格传导机制是不完善的,这就为创业机会存在提供了客观基础。在市场非均衡状态下,信息是非随机分布的,而获取可用信息是发现创业机会的关键,因此,创业机会需要有相匹配的个体来发现。对机会信息敏感的人,易于感知到未满足的市场需求或未充分利用的资源,进而通过发现和创造特定的产品、服务等来获取利润,这就是创业机会识别(Ardichvili et al.,2003)。

对于创业机会识别的测量,我们采取的方法如下:首先,农民创建企业是以创业机会识别为基础的,因而,创业农民意味着他们曾经发现了创业机会。其次,对于非创业农民,我们先参考 Baron(2004)的方法,询问他们"过去是否发现过创业机会";若回答"是",则进一步询问"具体是什么创业机会";如能清楚地回答某个具体创业机会,就认为他过去发现过创业机会,只是由于种种原因没有利用这个机会而已。这样,本文就避免了因用"是否创建新企业来表征机会识别与否"而遗漏非创业农民中的机会识别者,也相对减少了所谓的自报告偏差,比较客观地表征了创业机会的识别与否。

2. 自变量

网络规模的测量有位置生成法和提名生成法等,其中位置生成法中的"春节拜年网"在国内被广泛使用(边燕杰等,2001;张玉利等,2008)。虽然这种方法经过多次检验,具有较高的信度和效度,但应用在本文的实证分析中却不太适合。本文需要测量的是创业者在识别创业机会时的社会网络规模,但要求被调查者回想当时的"春节拜年网",难度太大,不可避免地会有偏差。同样,提名生成法也存在这个问题,而且更不太可行。因此,本文借鉴 Greve 和 Salaff(2003)的讨论网方法来测量网络规模,也就是与创业者讨论创业事宜的人员数量。因此,我们询问创业农民的问题是"创建企业之前和谁讨论过关于创业的事情";而对于非创业农民,我们则询问他"在生活中,谁能够与你商量一些重要的事情"以及一个假设性的问题"或者,假如你要自己创业的话,你会与谁讨论这个事情"。对这些问题的回答所得到的人数就是该被调查者的社会网络规模。

网络关系强度反映的是农民与联系人之间的关系亲疏程度,本文采用提名生成法来测量社会网络的关系强度。在上文关于网络规模问题的基础上,课题组进一步要求被调查者依次列出对其帮助最大的五个联系人情况。我们参考 Levin 和 Cross(2004)以及杨俊等(2009)的测量方法,以认识时间、交往频率、熟悉程度、亲密程度、信任程度等多重指标来测量,并用利克特 5 点量表进行评分。为了对农民与联系人认识时间有较为客观的比较标准,我们在问卷中设置了"不到 1 年"、"1～3 年"、"4～7年"、"8～10 年"以及"10 年以上"来作为认识时间长短的判断依据。具体测量项目、测量方法以及"帮助最大第一人"的测量结果见表 6-1。

表 6-1　关系强度测量项目、测量方法和测量结果

测量项目	测量方法	均值	标准差
认识时间	1＝时间很短　2＝时间不太长　3＝一般　4＝时间较长　5＝时间很长	4.76	0.843
交往频率	1＝很少交往　2＝交往不多　3＝一般　4＝交往较多　5＝交往很多	4.82	0.551
熟悉程度	1＝很不熟悉　2＝不太熟悉　3＝一般　4＝比较熟悉　5＝很熟悉	4.89	0.387
亲密程度	1＝很疏远　2＝比较疏远　3＝一般　4＝比较亲密　5＝很亲密	4.82	0.554
信任程度	1＝很不信任　2＝不太信任　3＝一般　4＝比较信任　5＝很信任	4.84	0.487

在 968 份有效问卷中，我们随机抽取 180 份问卷划分为样本 1，用于创业意向的探索性因子分析，用剩余的 788 份问卷作为样本 2 作验证性因子分析。

表 6-2 给出了对"帮助最大第一人"关系强度的探索性因子分析结果。结果显示，测量工具的内部一致性信度符合要求，样本数量是充分的，适合提取公共因子。接着，我们依据该结构进行了验证性因子分析，结果发现单因素模型拟合较好（$\chi^2/df = 1.009$，CFI $= 0.968$，LTI $= 0.906$，RMSEA $= 0.024$）。

表 6-2　关系强度（帮助最大第一人）的探索性因子分析结果

测量项目	最小值	最大值	因子载荷	信度系数
认识时间	1	5	0.531	
交往频率	1	5	0.800	
熟悉程度	1	5	0.843	0.768
亲密程度	1	5	0.859	
信任程度	1	5	0.739	
特征根值			2.916	
累计方差解释率(%)			58.323	

注：公共因子提取方法为主成分方法；KMO 样本充分性检验值为 0.761；Bartlett 球形检验值为 465.076，$p < 0.01$。

运用相同的方法，我们对其他 4 个联系人的关系强度进行了测量和因子分析，得到另外 4 个公共因子。然后，我们根据五个维度的原始得分，采用回归法分别计算出五个公因子的得分。因为难以确定它们的权重，我们这里作了简单化处理，对五个公因子的得分取算术平均值，并用该平均值来衡量关系强度。

农村地区创业榜样的测量量表如表 6-3 所示，以利克特 5 点量表进行评分，1 代表"完全不同意"，5 代表"完全同意"。

表 6-3　地区创业榜样测量项目和测量结果

测量项目	最小值	最大值	均值	标准差
本地有很多创业成功的人	1	5	3.47	0.960
本地有很多可供效仿的创业活动	1	5	3.28	1.014
我周围有很多人已经创办了自己的企业	1	5	3.29	1.081
我认识很多创业成功的人	1	5	3.23	1.110
我的同龄人中很多是自主创业的	1	5	3.10	1.114

探索性因子分析结果如表 6-4 所示。结果表明,测量工具的内部一致性信度符合要求,样本数量是充分的,适合提取公共因子。接着,我们依据该结构进行了验证性因子分析,结果发现单因素模型拟合较好($\chi^2/df = 2.132$,CFI$= 0.928$,LTI$= 0.926$,RMSEA$= 0.066$)。

表 6-4　创业榜样的探索性因子分析结果

测量项目	因子载荷	信度系数
本地有很多创业成功的人	0.803	
本地有很多可供效仿的创业活动	0.784	
我周围有很多人已经创办了自己的企业	0.849	0.833
我认识很多创业成功的人	0.774	
我的同龄人中很多是自主创业的	0.669	
特征根值	3.027	
累计方差解释率(%)	60.545	

注:公共因子提取方法为主成分方法;KMO 样本充分性检验值为 0.812;Bartlett 球形检验值为 459.438,$p < 0.01$。

对于创业者的工作经验与创业经历,我们分别采用"您以前有过企业销售工作的经历吗""您以前有过企业技术工作的经历吗"以及"您以前有过创业的经历吗"来测量先前销售工作经验、技术工作经验和先前创业经验。

3.控制变量

以往的研究表明,男性比女性更有可能识别创业机会,而年龄、受教育程度等特征因素会正向影响个体的创业机会识别（Gimeno et al.，1997；Shane，2003）；因此，我们把性别、年龄、受教育程度设为控制变量，其中年龄、受教育程度为连续变量，性别为分类变量（"男性"赋值为 1，"女性"赋值为 0），以哑变量的形式进入回归。

6.4 数据分析与结果

由于创业机会识别是分类变量（"发现创业机会"赋值为 1，"未发现创业机会"赋值为 0），因此本文利用二元 Logistic 回归方法研究网络规模、关系强度、创业榜样、销售工作经历、创业经历等对农民创业机会识别的影响。

在模型拟合过程中，我们采用进入法"强迫"所用自变量同时进入模型，运用最大似然法进行估计，得到模型的 Chi-square＝58.610，其显著值为 0.000，达到了显著水平，说明模型从总体上看具有统计学意义。模型的估计结果见下表 6-5。

表 6-5 网络规模、关系强度等变量对农民创业机会识别的回归结果

	估计系数	Wald 值	发生比
网络规模	0.052*	2.582	1.054
关系强度	0.365*	2.158	1.441
创业榜样	0.681**	9.289	1.977
销售工作经历	1.998***	13.244	7.378
技术工作经历	0.470	1.281	1.600
创业经历	0.976*	2.908	2.654
性别	−0.023	0.003	0.977
年龄	0.030	1.910	1.030
受教育程度	−0.010	0.025	0.990
常数项	−1.735	1.763	0.176
−2 Log Likelihood		181.570	
Cox & Snell R^2		0.273	
Nagelkerke R^2		0.374	

注：*、**、***分别表示在 10%、5% 和 1% 水平上统计显著。

模型拟合结果显示,网络规模对农民创业机会识别有显著的正向预测作用($\beta=0.052$, $p<0.10$),也就是说,农民的社会网络规模越大,其越有可能发现创业机会。因此,假说 1 得到了验证。关系强度对农民创业机会识别有显著的正向预测作用($\beta=0.365$, $p<0.10$),也就是说,农民的社会网络关系强度越高,其越有可能发现创业机会。因此,假说 2 得到了验证。创业榜样对农民创业机会识别有显著的正向预测作用($\beta=0.681$, $p<0.05$),也就是说,农村地区中可以模仿的创业榜样越多,农民越有可能发现创业机会。因此,假说 3 得到了验证。销售工作经历对农民创业机会识别有显著的正向预测作用($\beta=1.998$, $p<0.01$),也就是说,先前做过销售工作的农民更有可能发现创业机会。因此,假说 4 得到了验证。技术工作经历对农民创业机会识别的回归系数没有达到统计显著水平($\beta=0.470$, $p>0.10$),因此,假说 5 没有得到验证。创业经历对农民创业机会识别有显著的正向预测作用($\beta=1.998$, $p<0.01$),也就是说,有过创业经历的农民更有可能发现创业机会。先前的创业经历能够积累经验知识,提高农民对创业机会的警觉性,创业过程中建立起来的社会网络则拓宽了信息渠道,使创业农民能获得更多的创业信息。因此,假说 6 得到了验证。

上述实证分析结果表明,农民创业机会识别嵌入于农民社会网络和先前经验中。农民的社会交往越广泛,接触的信息就越多,识别创业机会的可能性也就越大;而社会网络中的强关系能够有效传递有价值的信息,也有助于农民识别创业机会。这与先前相关的农民创业研究结果是一致的(黄洁等,2010;郭红东和丁高洁,2012;高静等;2013),实际上,这一结果也在其他以创业者为对象的研究中得到了验证(Ozgen and Baron,2007)。此外,农民的先前销售工作经历和创业经历也是影响创业机会识别的重要因素,这一结果也支持了先前的相关研究(Shane,2000;Ardichvili et al.,2003;Ucbasaran et al.,2009)。在目前的农民创业研究中,学者们多关注于先前创业经历对机会识别的作用(郭红东和丁高洁,2012;高静等;2013),而忽视了先前销售工作经历对于机会识别的影响。

以上分析表明,农民对于创业机会的识别与其他创业者有共同之处,符合一般化的规律。然而,需要指出的是,农村地区的农民创业机会识别有其独特之处。以往的创业研究强调创业机会的创新性,从而可能没有考虑到在我国农民创业的实践中,模仿型甚至复制型创业可能占有相当大的比例。因此,目前研究忽视了农村地区的创业榜样对农民创业机会识别的重要影响。农村社区的成功创业者为其他农民树立了榜样,促使后者的注意力向这些已经被证实的创业机会集中;而农村社区日常互动的天然性更有利于信息的共享,使先前成功创业者的创业活动产生知识溢出效应,吸引其他农民关注类似的创业机会,进而增加了识别创业机会的可能性。因此,在一些沿海农村地区,当一些农民创业成功后,其他农民便会竞相模仿,识别并利用类似的创业机会;这也可能是这些地区普遍存在的产业集聚最初形成的原因之一。

另外,本文的实证结果显示,先前的技术工作经历并没有对农民创业机会识别有显著影响,这一结果与其他创业者的相关研究并不一致。有别于 Shane(2000)所描述的研发技术工作,在我国农村地区,绝大多数企业属于传统行业,技术性要求较低,而农民从事的技术工作一般也是较为简单的应用性工作。因此,农民先前的技术工作经历中很少有新信息的产生,他们也就难以比其他人更有优势来识别创业机会。

6.5 结论与启示

本文从"什么样的情况下农民更有可能识别创业机会"这一角度来考察农民的创业机会识别问题。研究表明,农民的社会网络规模、关系强度、农村地区创业榜样以及农民销售工作经历和创业经历是影响其创业机会识别的重要因素。

首先,农民的社会网络会影响他们对创业机会的识别。农民的社会交往越广泛,越有助于他们接触到更丰富多样的信息,从而使他们更有可能识别创业机会。农民的社会网络关系强度越高,其越有可能识别创业机会;有别于西方的弱关系理论,在中国农村的创业背景下,基于血缘、地缘等情感因素构建的强关系,而非"点头之交"的弱关系,更有助于农民识别创业机会。

其次,农村地区可以模仿的创业榜样越多,农民越有可能识别创业机会。在当前的农村地区,模仿型创业甚至复制型创业仍占有相当大的比例;先前的成功创业者为其他农民创业提供了学习和模仿的机会,提高了农民识别创业机会的可能性。

最后,农民的创业机会识别会受到先前经验的影响。先前的销售工作经历是获得创业机会信息的重要途径之一,也提高了农民解读市场信息的能力,为其识别创业机会提供了很好的基础。先前的创业经历也有助于农民识别创业机会。无论先前的创业是成功还是失败,农民创业者都能从中获取经验或教训,积累更多的创业知识,从而强化自身对创业信息的警觉性;而且,创业过程中构建起来的社会网络拓宽了信息渠道,使农民能获得更多的创业信息,有助于他们更好地识别创业机会。

本文研究结论对农民创业实践的启示主要有两点:第一,本文在理论上澄清了什么样的社会网络和先前经历更容易使农民识别创业机会,有助于启发有创业打算的农民构建、利用社会网络去发现创业机会;第二,有意向创业的农民应善于观察周围可效仿的创业榜样,从中搜寻创业机会,进行模仿型创业;并认真审慎地总结自己的工作经验或创业经验,充分挖掘其中可能蕴藏的创业机会。

(蒋剑勇　钱文荣　郭红东)

7 先前经验、创业警觉与农民创业机会识别

7.1 引　言

近年来,中国各级政府越来越重视农民创业问题,出台了一系列鼓励农民创业的政策与措施,农民创业环境不断得到改善,农民创业氛围越来越活跃。但在中国,真正能够感知并识别创业机会从而践行创业活动的农民并不多。基于此,本文试图回答如下问题:为什么一些农民而不是另一些农民更能识别创业机会? 这些农民又是如何利用自己所积累的经验来帮助自己完成机会识别这个过程的?

现阶段,与创业机会识别相关的研究成果已经颇为丰富。已有的研究表明,影响创业机会识别的因素包括先前经验、社会资本、创业警觉性、认知特征、机会属性和个体特征等(Deniz Ucbasaran et al. ,2009;Adler et al. ,2002;Jintong Tang et al. ,2012;苗青,2007;张玉利等,2008),创业机会识别是多种因素综合作用形成的认知过程,而创业警觉性是其中最为关键的因素之一(魏喜武、陈德棉,2011)。Ardichvili 等(2003)指出,创业警觉是成功识别创业机会的一个必要条件,而创业者的个人特质、社会资本以及先前经验都是创业警觉的前因,但文章没有就所提出的理论分析框架进行实证分析。客观存在的创业机会,只有经过一个真实个体的认知主观化与创造性的活动之后才能被发现与利用(汪良军、杨蕙馨,

2004)。基于对已有文献的梳理,不难发现,机会识别会通过"先前经验—创业警觉—创业机会识别"这样一个理论路径来完成,但是,目前对这一逻辑关系实证方面的研究甚少。

对农民创业的研究仍处于起步阶段,其大致可以划分为两类,即总体描述性研究与专题深入性研究。当农民创业构成影响农村经济的一种重要现象时,学者们主要集中于探讨影响农民创业的原因、描述农民创业的特征等,对农民创业进行一般性的分析和描述;当农民创业进一步发展成为一种常态现象时,学者们开始逐步进行更加深入的研究,并对农民创业绩效、农民社会资本、农民创业机会识别等进行了专门研究。当前,对农民创业机会识别方面的研究还不多(孙红霞等,2010),主要集中在两方面:一是从理论框架上探讨影响农民创业机会识别的可能因素(陈文标,2012);二是运用实证方法检验影响农民创业机会识别的因素,如创业环境、社会资本、先前经验等(黄洁、买忆媛,2011;高静等,2012;丁高洁、郭红东,2012)。现有文献资料已开始在理论上关注创业警觉这一关键因素在农民创业机会识别过程中的重要作用,但在实证上却基本还没有展开相关研究。个体对创业机会的警觉性是人们在多年实践中学习积累和沉淀下来的一种认知特质,正规教育是潜在创业者认知积累和沉淀的一种重要方式。但农民的受教育程度普遍较低,认知水平的提高更多的是要依赖于正式教育以外的途径来实现,通过这些途径积累起来的知识和经验会帮助他们强化创业的警觉性,从而提高他们识别创业机会的概率。

本文在前人的研究基础上,以具有创业意向的农民群体为研究对象,基于所获得的问卷调查数据及先前经验对农民创业机会识别的影响,考察了先前经验作为创业警觉的前因关系以及创业警觉对创业机会识别的影响,并将创业警觉作为中介变量加以引进,构建了"先前经验—创业警觉—农民创业机会识别"关系理论模型,旨在揭示存在于先前经验和农民创业机会识别之间的中间转化路径,以及创业警觉在这一过程中的中介作用。

7.2　理论与研究假设

7.2.1　先前经验与农民创业机会识别

先前经验,是指过去的经历积累所形成的知识、技能与经验。研究创业的学者们在研究中主要考察的先前经验内容包括行业经验、创业经验、管理经验、独特经验及其他职能经验,如从事研发、市场营销、财务等工作获得的经验(田莉、龙丹,2009)。张玉利等(2008)在研究社会资本、先前经验和创业机会之间的关系时,从先前工作经验和先前创业经历两方面来考察先前经验,其中先前工作经验包括了职能经验和行业经验。另外,关于农民创业方面的研究显示,培训作为人力资本要素中的重要部分,在农民知识积累的过程中具有重要作用,对农民创业行为的边际影响相较于其他因素来说更为显著(韦吉飞等,2006)。所以,除了先前工作经历和创业经历外,农民的培训经历也是其先前经验的重要组成部分。

最初,研究创业的学者们认为,在给定的技术环境下,不同个体会识别出相同的创业机会,但 Venkataraman(1997)指出,个体积累下来的不同先前经验会影响他的认知,让他在一定程度上成为一个独特的个体,因而不同个体在给定的技术条件下对创业机会的识别情况也是不同的。Shane(2000)对创业机会识别的研究显示,先前经验和受教育情况是影响机会识别的重要因素,并用实证方法论证了由于每个个体先前经验的分布差异,其对同一创业机会的识别情况也不完全一样。Ucbasaran 等(2009)从认知理论的视角将创业者所拥有的先前经验的规模和性质与其机会发现行为联系起来进行研究,结果表明,有先前经验的创业者会发现更多的机会。关于先前经验和创业机会识别之间关系的研究,其侧重点也许会有所不同,但研究结论基本是一致的,都认为先前经验会显著影响创业机会识别。但综观这些研究会发现,研究对象大都定位于一些受教育水平较高的群体,所得结论是否具有普遍性有待进一步讨论。

相对于城市,农村地区的农民文化水平普遍较低,传统生活方式下的他们与外界交流不多,获取知识和信息的渠道比较单一,务农以外的经历对他们知识的积累异常重要。其中,有意向开展创业活动的农民是众多创业者中的普通一员,应该遵循创业活动的一般行为模式。同时,由于农民身份的特殊性,他们从识别创业机会开始就更需要依赖先前经历中所积累的知识来帮助自己解读信息,发现隐藏的商机。因此,本文提出

假设 1a:先前工作经验与农民创业机会识别正相关。

假设 1b:先前创业经历与农民创业机会识别正相关。

假设 1c:先前培训经历与农民创业机会识别正相关。

7.2.2 创业警觉与农民创业机会识别

创业警觉最早是由 Krizner(1978)提出的,是指一种不进行搜寻就注意到此前一直被忽略的机会的能力。尽管近年来创业警觉已经为越来越多的学者所关注,但目前仍缺乏统一的定义,不同的学者大多从不同的角度来界定和衡量创业警觉性。本文基于原始概念,认为创业警觉是一种持续关注的能力,且主要指关注那些尚未被发觉的机会(段清贤,2011),其不仅是一种天赋,更多的是不同个体在实践中学习、积累和沉淀的认知特质。

Gaglio 和 Katz(2001)建立了一个以创业警觉为中心的理论模型,说明并不是所有个人都可以成功识别出创业机会并成为创业者,但创业警觉性高的个体成功识别出创业机会并成为创业者的概率较大,然而这方面并没有相关的实证研究。Ko 和 Butler(2003)对从 65 个高新技术公司的创业者身上所获取的数据进行了实证研究,从对商业机会的警觉性和对信息的警觉性两个维度来衡量创业者的警觉性,结果表明,前者会显著影响该创业者每月平均识别出的商业机会数量。魏喜武和陈德棉(2011)梳理了创业警觉与创业机会之间关系的相关文献资料,肯定了创业警觉在强度上对创业机会识别的显著性影响。目前,对创业警觉性的衡量也趋于成熟,不同研究会根据自身需要来选择相应的测量方法,并提出要关

注创业警觉性在属性上与创业机会的匹配。基于已有的研究结论可知，对所有创业者或潜在创业者来说，创业警觉都是其识别创业机会的重要影响因素。因此，结合本文的研究对象，我们提出

假设 2：创业警觉与农民创业机会识别正相关。

7.2.3 "先前经验—创业警觉—农民创业机会识别"中介效应模型的构建

机会识别被认为是创业研究中的核心概念。Ardichvili 等（2003）提出的创业机会识别理论分析框架指出，创业警觉是成功识别创业机会的条件之一，而创业警觉又受个人特质、社会资本及先前经验的影响，但对这点作者并没有用实际数据进行验证。Tang 等（2012）研究了创业警觉如何在追求新机遇的过程中发生作用，将创业警觉分解为浏览和搜索、组合和联想以及评价和判断三个维度，在对其进行测量的基础上构建模型进行实证研究，验证了先前经验对创业警觉的显著性影响以及创业警觉对创新能力（即发现新机会的能力）的正向作用，"先前经验—创业警觉"和"创业警觉—创新能力"之间关系的这一研究结论表明，创业警觉在一定程度反映了个人的创新能力，创业警觉性越高，越有助于发现创业机会，而创业警觉是可以通过先前经验的积累而得到提高的。也就是说，先前经验、创业警觉和创业机会识别之间可能具有相互关系，但文章并没有对创业警觉和先验知识在发现创业机会过程中的作用进行解析。

李仁苏和蔡根女（2007）对创业机会识别的核心概念、关键因素及过程模型进行了分析，并在总结前人研究成果的基础上提出，由先前经验所形成的知识走廊的开发会通过强化创业警觉来发现创业机会。虽然对先前经验、创业警觉和创业机会识别三者之间的关系缺乏实证研究，但以上分析足以说明三者之间是紧密相连的。基于先前经验和创业警觉作为创业机会识别的重要影响因素，以及先前经验对创业警觉的强化作用，本文将创业警觉作为中介变量，构建了"先前经验—创业警觉—农民创业机会识别"关系理论模型，具体见图 7-1。

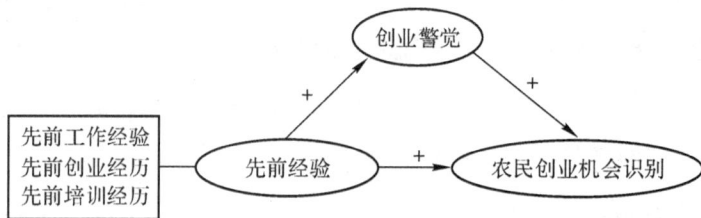

图 7-1 "先前经验—创业警觉—农民创业机会识别"中介效应模型

农民会在各种实践活动过程中积累经验,这些先前经验在一定程度上决定了受教育水平低下的他们能否迅速解读隐藏在新信息背后的商业价值;而创业机会将在他们对所获取的新信息作出价值判断的过程中,被那些具有敏锐洞察力和机会意识的个体发现。也就是说,农民的先前经验会通过影响个体的认知而作用于其机会发现行为。因此,本文提出

假设 3a:创业警觉在先前工作经验与农民创业机会识别的正向关系中起中介作用。

假设 3b:创业警觉在先前创业经历与农民创业机会识别的正向关系中起中介作用。

假设 3c:创业警觉在先前培训经历与农民创业机会识别的正向关系中起中介作用。

7.3 数据来源与变量测量

7.3.1 数据来源

由于本文着重研究先前经验和创业警觉影响农民能否识别出创业机会的内在机理,而已经创业的农民都是识别出机会并已进行创业的,故不被列入本文考察范围。本文选择有创业意向但还没有进行创业的农民为研究对象,以问卷调查的方式搜集数据。被访对象应符合以下条件,缺一不可:(1)属于农村户口;(2)目前本人及家庭主要成员没有开展任何创业

活动;(3)年龄在 18～60 周岁之间(包括 18 周岁和 60 周岁)。

由浙江大学在校大学生负责进行问卷调查,调查者由农业经济管理专业的部分研究生和浙江大学"三农"协会中部分来自农村的学生组成。从 22 个省(区、市)抽取 100 名学生为调查成员,每位学生在其家乡随机抽取 4 位满足条件的创业农民进行调查,问卷调查时间为 2012 年 1—3 月。考虑到本调查具有一定的专业性和难度,为了保证最后所获得数据的有效性,在 2012 年 1 月初课题组组织所有参与本次调查的人员进行了一次相关的培训活动。本次调查共发放问卷 410 份,回收问卷 399 份,对于其中明显缺答的以及没有创业意向的问卷予以剔除,最后得到有效问卷 234 份,问卷回收率与有效问卷回收率分别为 97.32％和 57.07％。

从被调查者的性别分布来看,男性占 71.24％,女性占 28.76％,可见男性占了绝大部分;从被调查者的年龄来看,30 岁及以下的被调查者占 55.13％,30～39 岁的占 14.53％,40～49 岁的占 23.50％,50 岁及以上的占 6.84％,可以看出,有创业意向但还没有进行创业的农民以青壮年居多;从受教育程度分布来看,小学及以下文化程度的占 7.36％,初中文化程度的占 30.74％,高中文化程度的占 24.68％,高中以上文化程度的占 37.23％,数据显示,目前具有创业意向的农民普遍只具有中等文化水平。从样本所在地区来看,东部地区选取的样本占 62.39％,中部地区占 22.22％,西部地区占 15.38％。

7.3.2 变量与测量

1.因变量:创业机会识别

不同的学者根据研究需要从不同的角度对创业机会识别进行了定义。本文采用 Baron(2004)的定义,认为创业机会识别是指面对多样化的刺激和事件时对商机存在与否的一种知觉,也就是说,是否感知到创业机会,并且设置一个虚拟变量"您是否发现过创业机会(创业项目)"来考察受访者的创业机会识别情况,其中"是"赋值 1,"否"赋值 0。

2. 自变量:先前经验

本文从先前工作经验、先前创业经历和先前培训经历三方面来考察具有创业意向但还没进行创业的受访者的先前经验。其中,根据张玉利和王晓文(2011)的研究可以知道,先前工作经验也可分为通用性和专用性两种性质,因此这里设置三个题项来衡量这一变量,分别为"您在农业或非农工作中担任过管理职务吗""您在农业或非农工作中担任过销售职务吗"和"您是否有手艺或技能","是"赋值1,"否"赋值0,变量"先前工作经验"的取值则为上述三个题项得分的算术加总。先前培训经历主要是考察此次创业之前,受访者是否有参加过培训,"是"赋值1,"否"赋值0。对于先前创业经历衡量,设置题项"您以前创业过吗","是"赋值1,"否"赋值0。

3. 中介变量:创业警觉

本文通过对受访者在思考创业问题上投入的时间和精力以及受访者对自己识别创业机会的自我评价来衡量受访者的创业警觉(魏喜武,2009)。这里的投入就是一个搜寻的过程,高警觉性的创业者会通过积极搜寻来发现别人发现不了的信息,并且将发现的内在信息进行外在化,最终识别创业机会。因此,本文具体设置了4个题项,采用利克特5点量表来度量这些指标,1表示"非常不同意",5表示"非常同意",得分越高,表示所衡量指标的强度越大。

表7-1给出了对创业警觉的探索性因子分析结果。不难发现,测量量表信度系数为0.770,该测量工具的内部一致性信度符合要求;KMO样本充分性检验值表明样本数量是充分的;Bartlett球形检验值说明各项目是相互关联的,适合提取公共因子。这里提取出了一个公共因子,其方差贡献率为59.433%,也就是说,原来6个指标的所有方差中,有59.433%可以用所提取的公共因子来解释。

表 7-1　创业警觉的探索性因子分析

测量项目	最小值	最大值	均值	因子载荷	信度系数
就算在休假的时候,我也总在想着关于创业的事情	1	5	3.278	0.777	
我会花上一个晚上的时间和人讨论创业的事情	1	5	3.404	0.733	
我在不上班的时间中,总是在考虑有关创业的事情	1	5	3.315	0.852	0.770
在日复一日的例行活动中,我总是能够看到在我身边存在创业机会	1	5	3.436	0.715	

注:(1)公共因子提取方法为主成分方法。

(2)KMO 样本充分性检验值为 0.762;Bartlett 球形检验值为 225.863,$p<0.01$;特征根值为 2.377。

4.控制变量

本文还选取了可能对创业机会识别带来不同程度影响的一些变量作为控制变量,具体包括受访者的性别、年龄及受教育程度。

7.4　数据分析与结果

7.4.1　模型检验方法

温忠麟等(2004)在比较了检验中介效应的主要方法之后提出了一个实用的中介效应检验程序。首先,建立自变量(X)、中介变量(M)和因变量(Y)有关的三个回归模型:

$$Y = c_1 X + \varepsilon_1 \tag{1}$$

$$M = aX + \varepsilon_2 \tag{2}$$

$$Y = c_2 X + bM + \varepsilon_3 \tag{3}$$

然后,按下列程序对回归系数依次进行分析:第一步,检验系数 c_1,如果显著,继续第二步,否则检验结束。第二步,依次检验系数 a、b,如果都显著,意味着 X 对 Y 的影响至少有一部分是通过中介变量 M 来实现的,继续第三步；如果至少有一个不显著，则不能下结论，转至第四步。第三步，检验系数 c_2，如果不显著，说明 X 对 Y 是完全中介作用；如果显著，说明 X 对 Y 只是部分中介作用，检验结束。第四步，做 Sobel 检验，检验统计量为 $z = \dfrac{\hat{a}\hat{b}}{s_{ab}}$，其中 $s_{ab} = \sqrt{a^2 s_b^2 + b^2 s_a^2}$，其中 s_a、s_b 分别是 $\hat{a}$、$\hat{b}$ 的标准误差，如果统计量检验为显著，意味着 M 的中介效应显著，检验结束。

本文采用上述检验方法对先前经验、创业警觉与创业机会识别之间的相互关系进行了分析。

7.4.2 模型检验结果

表 7-2 给出了主要研究变量的描述性统计分析结果及相关系数矩阵。其中，先前工作经验、先前培训经历和创业警觉与创业机会识别之间都存在着显著性正相关关系，相关系数分别为 0.155（$p<0.05$）、0.138（$p<0.01$）和 0.301（$p<0.01$）。另外，以受访者性别、年龄和受教育程度为控制变量、以创业警觉为自变量、以创业机会识别为因变量建立回归模型，结果表明，模型具有良好拟合优度，且创业警觉对创业机会识别有显著性正向作用（$\beta=0.737$，$p<0.01$）。因此，假设 2 得到支持。

表 7-2 描述性统计分析及研究变量的相关系数矩阵

变量	1	2	3	4	5	6	7	8
创业机会识别	1.000							
性别	0.160**	1.000						
年龄	0.156**	0.214***	1.000					
受教育程度	−0.173***	−0.085	−0.547***	1.000				
先前工作经验	0.155**	0.152**	0.359***	−0.186***	1.000			
先前创业经历	0.130	0.044	0.188***	−0.138***	0.324***	1.000		
先前培训经历	0.138**	0.063	0.033	−0.106	0.375***	0.219***	1.000	
创业警觉	0.301***	0.130	0.050	−0.048	0.143**	0.114	0.127	1.000
极小值	0.000	0.000	1.000	1.000	0.000	0.000	0.000	−3.212
极大值	1.000	1.000	4.000	4.000	3.000	3.000	1.000	2.236
均值	0.779	0.712	1.821	2.918	1.279	0.859	0.448	0.000
标准差	0.416	0.454	1.016	0.986	0.974	1.037	0.498	1.000

注：*** 表示在 0.01 水平（双侧）上统计显著；** 表示在 0.05 水平（双侧）上统计显著。

1. 创业警觉在"先前工作经验—创业机会识别"中的中介效应检验

根据中介效应检验程序对先前工作经验、创业警觉和创业机会识别之间的关系进行分析,具体结果见表7-3。

表7-3 创业警觉在先前工作经验中的中介效应检验

自变量	第一步:因变量 (创业机会识别)		第二步:因变量 (创业警觉)		第三步:因变量 (创业机会识别)	
	B	S.E.	B	S.E.	B	S.E.
(常量)	1.425	0.360	-0.302	0.364	1.696*	1.011
性别	0.317	0.224	0.265*	0.159	0.146	0.392
年龄	0.042	0.209	-0.030	0.087	-0.020	0.249
受教育程度	-0.377^*	0.193	-0.004	0.083	-0.349	0.226
先前工作经验	0.439**	0.922	0.136*	0.076	0.517**	0.215
创业警觉					0.827***	0.203
Cox & Snell R^2	0.074				0.152	
R^2			0.032			

注:*、**、*** 分别表示在10%、5%、1%水平上统计显著。

从第一步的回归结果中可知,先前工作经验对创业机会识别的回归系数是显著的($c_1 = 0.439$, $p = 0.023 < 0.05$),这一方面说明先前工作经验与农民创业机会识别呈正相关,即假设1a得到验证,另一方面可以继续中介效应检验。从表7-3的回归结果可以看出,回归系数 a 和 b 都是显著的($a = 0.136$, $p = 0.073 < 0.1$; $b = 0.827$, $p = 0.000 < 0.01$),这就意味着先前工作经验对农民创业机会识别的影响至少有一部分是通过创业警觉这一中介变量来实现的。由于回归系数 c_2 是显著的($c_2 = 0.517$, $p = 0.016 < 0.05$),所以创业警觉在"先前工作经验—创业机会识别"的正向关系中发挥了部分中介作用,即假设3a得到验证。先前工作经验通过创业警觉对农民创业机会识别所起的中介效应占先前工作经验对农民创业机会识别总效应的比值为 $effect = \dfrac{a \cdot b}{c_1} = \dfrac{0.136 \times 0.827}{0.439} = 0.256$。

2.创业警觉在"先前创业经历—创业机会识别"中的中介效应检验

通过中介效应检验程序的第一步分析可知,先前创业经历对创业机会识别的回归系数没有达到显著性统计水平($c_1=0.714,p=0.150>0.100$),故终止此处中介效应分析,即假设 1b、假设 3b 没有得到验证。这可能是因为本次调查中拥有创业经历的样本只有 51 个,有效百分比为 23.61%,所占比重太小,因此不能分析出它的显著性。

虽然创业警觉在"先前创业经历—创业机会识别"中的中介效应不能通过本文提出的检验程序分析出来。但是,表 7-4 的数据结果显示,拥有先前创业经历的农民受访者的创业警觉性要远远高于那些没有创业经历的农民受访者,其能够识别出创业机会的概率也更大。

表 7-4   先前创业经历与创业警觉、机会识别

是否拥有创业经历	样本量	有效百分比 (%)	创业警觉 (均值)	识别出创业机会的样本比重 (%)
拥有创业经历	51	23.61	0.27	90.20
没有创业经历	165	76.39	-0.10	74.40

注:样本总量为 216,缺失值为 18。

3.创业警觉在"先前培训经历—创业机会识别"中的中介效应检验

创业警觉在先前培训经历和创业机会识别中的中介效应检验结果显示,先前培训经历对创业机会识别的回归系数达到显著性统计水平($c_1=0.779,p=0.023<0.05$),先前培训经历对创业机会识别具有正向影响作用,即假设 1c 得到验证;先前培训经历以及创业警觉对农民创业机会识别回归系数分别为 $a=0.223(p=0.105>0.1)$、$b=0.799(p=0.000<0.01)$,其中系数 a 不显著,也就是说,$a \cdot b$ 很可能为零,因而中介效应依次检验的结果并不显著,但这个结果很可能是因 a 值太小而犯了检验过程中的第二类错误,误认 $a=0$ 所致。这里 b 值($b=0.799$)相对较大,实际上的 $a \cdot b$ 与零有实质上的差异,中介效应是有可能存在的,需要进行进一步的联合检验。根据本文所采用的检验程序,需要进行 Sobel 联合

检验,检验统计量是 $z = \dfrac{\hat{a}\hat{b}}{s_{ab}}$,此处 $\hat{a} = 0.223$、$\hat{b} = 0.799$、$s_a = 0.137$、$s_b = 0.198$,计算得 $z = 1.509$,$p = 0.065 < 0.1$,所以 $a \cdot b$ 显著不为零,故而创业警觉在"先前培训经历—创业机会识别"中的中介效应是显著的,即假设 3c 得到验证。但是,由于 a 太小,故无法计算出先前培训经历通过创业警觉对农民创业机会识别所起的中介效应值。

7.5 结论与启示

本文的研究结果表明,先前经验与农民创业机会识别之间并不全都是直接作用关系,还有一部分是嵌入到认知层面的,通过促进创业警觉的提高对机会识别产生作用,而且不同种类的先前经验与农民创业机会识别之间的作用关系呈现出不同的特点。

首先,创业警觉在先前工作经验与农民创业机会识别的正向关系中起部分中介作用。农民本身知识的有限使得他们当前所拥有的信息与知识的存量会直接影响其对某些特定机会的认知;同时,先前经验也在一定程度上影响着其感知周围环境和信息能力的形成,有助于提高农民正确判断信息价值的能力,识别被他人视作潜在威胁和风险的机会。先验工作经验一方面直接影响农民创业机会的识别,另一方面通过影响创业警觉性来促进其对机会的感知。

其次,创业警觉在先前创业经历与农民创业机会识别关系的中介作用没有在本文研究中得到验证。这可能是因为所调查的拥有创业经历的样本量有限,创业警觉在先前创业经历与农民创业机会识别关系中的中介作用有待进一步研究。但本文对有创业经历和无创业经历的农民受访者的创业警觉性以及机会识别情况进行了对比分析,结果显示,有创业经历的农民具有更高的警觉性,更容易识别出创业机会。具体而言,已经具有创业经历的农民,在以往判断创业机会的决策情境中形成了机会意识,提高了对创业机会的敏感性,比没有创业经历的农民更容易识别出机会。

最后,创业警觉在先前培训经历与农民创业机会识别的正向关系中扮演了中介作用。对农民进行培训,可以在很大程度上增加他的知识储备,由于农民本身知识存量水平较低,增加的这一部分知识会在提高其认知水平上起到至关重要的作用。这意味着农民的先前培训经历对他们的影响集中于认知能力的提升,先前培训经历的影响全部经由认知层面而作用于农民对创业机会的识别过程中。

本文对农民创业实践和政策制定有重要启示。第一,对于那些有意从事创业活动的农民来说,可以采取先就业后创业的策略,先选择自己感兴趣的行业就业,在就业中尝试不同工作岗位,从别人创业活动经历中总结经验和积累知识,不断提高自己的认知能力和创业警觉性,从而提高创业机会识别能力。第二,政府应加大对农民培训的支持力度。一方面政府要加大培训经费的投入,鼓励社会机构与企事业单位加大对农民尤其是有创业意向农民的培训力度,通过培训提高农民的认知水平和创业警觉性;另一方面要不断创新培训方式,除了课堂授课以外,还要建立创业导师制,积极鼓励那些创业成功的农民担任创业导师,与有创业意向的农民结对学习,通过师傅带徒弟的形式提高农民的创业能力。

(郭红东　周惠珺)

8 社会网络、先前经验与农民创业决策

8.1 引　言

当前,农民创业引起了各界比较广泛的关注。在理论界,虽然学者们对于创业的概念还没有达成共识,但都一致认同创业的结果是新企业的生成。在新企业的生成过程中,创建企业的决策是一个至关重要的阶段(Morales-Gualdron and Roig,2005)。因此,我们需要回答这样一个问题,即"在发现了创业机会后,为什么有些农民选择利用创业机会而其他农民却没有",本文尝试从不同的视角来回答这个问题。

针对上述问题,最常见的研究视角是寻找创业者与非创业者的个体差异。众多研究认为,性别、年龄、教育程度、家庭背景、工作经历、收入、失业等个人因素是解释创业者差异的主要因素(Lee and Tsang,2001;Shane,2003)。另一些学者则关注于各种心理变量对于创业选择的影响,包括个人特质和认知特征等。在众多的特质变量中,成就动机、冒险倾向、独立性、外倾性等是学者们研究的重点(Begley,1995;Wooten et al.,1999)。创业自我效能感和风险感知是学界主要研究的心理变量,被认为是影响创业决策的关键变量;与上述两个变量相关联,学者们指出,个体的创业决策主要源于认知偏差,包括过于自信、控制幻想、相信小数定律、计划谬误以及乐观偏见等(Baron,2004;Le Roux et al.,2006)。

　　另一条主要的研究路径是职业选择。利用效用最大化理论,学者们建立了各种创业决策模型,分析了个体通过对创业预期收益与其他选择收益的比较而作出是否创业的决策行为。基于上述假设,众多研究探索了影响个体预期收益和机会成本的各种因素,据此来寻找创业决策的影响因素(Schjoedt,2007;Grieco,2012)。

　　环境因素的影响也是研究的思路之一。直接研究环境对于创业决策影响的文献不多,学者们主要关注一个国家或地区的环境对于新企业生成的影响。从宏观视角出发,学者们考察了宏观经济、行业、金融、地理环境以及政治制度、社会文化环境等对于创业发生率的影响(Shane and Cable,2002;Cuervo,2005)。在创业环境中,文化因素对于创业活动的影响引起了学者们的关注,众多研究比较了不同文化背景下一个国家或地区的创业率差异(Davidsson,2004;Beugelsdijk,2007);也有研究指出了地区创业氛围对于创业活动的影响(Kline,2007)。近来,一些研究将文化因素和微观的个体创业活动联系起来,探讨了文化环境对于嵌入其中的个体创业决策的影响(Hopp and Stephan,2012)。

　　此外,还有一些学者研究了社会网络与创业决策的关系,发现网络特征、创业榜样等对于创业决策具有重要的影响(Fuenteset et al.,2010;Bosma et al.,2012)。

　　目前,国内的农民创业研究主要集中在创业环境、农民创业者特征、创业意愿、机会识别、创业行为、创业绩效以及农民创业培训等方面(梁惠清、王征兵,2009;朱明芬,2010;刘唐宇,2010;石智雷等,2010;黄洁等,2010;陈昭玖、朱红根,2011),关于创业决策的研究很少。

　　梳理已有的研究,我们发现存在一些不足之处。第一,对于创业决策的界定不太清楚。创业决策是指已经发现创业机会的个体,对于是否利用该创业机会的抉择(Shane,2003)。目前,一些研究通过直接比较创业者与非创业者来寻找影响创业决策的因素,忽视了发现创业机会这一前提条件。如此一来,就可能混淆了影响创业机会发现和创业决策的不同因素,难以明确究竟哪些因素会影响个体的创业决策。第二,在社会网络对于创业决策的作用方面研究不足。现有的研究侧重于分析父母是否是创业者以及一般的网络特征对于创业决策的影响,缺乏对社会网络支持的影响的分析。而农村地区广泛存在的创业榜样是否对农民的创业决策产生影响等问题,值得进一步深入研究。最后,在先前经验对于农民创业决策的影响方面有待深入研究。尽管学术界已基本认同先前的工作经历对于创业决策的影响,但对于什么样的先前经历影响农民创业决策却缺乏研究。

基于此,有别于大多数学者关注"为什么有些人选择利用创业机会而另一些没有"的研究问题,本文试图从不同的角度来考察农民创业决策问题,我们提出并探索了下述研究问题:在什么情况下农民更有可能选择开发创业机会,也就是作出创业的决策?具体而言,我们聚焦于探究农民社会网络、先前经验对于农民创业决策的影响。

本文后面部分的结构安排如下:第二部分从理论上分析农民社会网络、先前经验与农民创业决策之间的关系,并提出待检验的假说;第三部分介绍搜集的样本以及变量测量情况;第四部分是数据分析过程与结果;最后是本文的研究结论及启示。

8.2 理论与研究假设

8.2.1 社会网络与农民创业决策

社会网络对于农民创业决策的影响主要体现在创业榜样和网络支持上。创业榜样是指个体因为感知某种相似性而期望去效仿的成功创业者(Bosma et al.,2012),其对于农民创业决策的影响主要体现在以下几个方面。一来,成功的创业者扮演了极具吸引力的社会角色,当农民相信自己的某些特征与创业榜样相似,他就会有行为模仿的激励(Witt,1991)。二来,创业榜样提供了表明成功创业的目标是能够实现的活生生的证据,从而提升了农民的自我效能感,提高了其对创业成功可能性的判断,也就使其更有可能作出创业的决策(De Clercq and Arenius,2006)。再者,农民通过观察创业榜样学习创业所需的知识和技能,为其从事创业活动指明了行动的方向(Fornahl,2003);创业榜样也可能提供实际的指导和建议,帮助农民分析创业信息、提供创业支持(Nauta and Kokaly,2001)。

社会网络支持包括来自家庭和外部社会网络的支持,感知的网络支持可以提升农民的创业信心,进而采取创建企业的行动。家庭是创业者获取物质和情感支持的一个重要来源:一方面,家庭成员可以提供创业所需的物质资源或帮助寻找外部支持(Anderson et al.,2005);另一方面,家庭成员能成为创业过程的劳动力,并提供情感支持(Karra et al.,2006);另外,因为血缘的关系,家庭成员会无私地投入到企业创建过程中,并感觉有义务尽力促进企业发展(Arregle et al.,2007)。通常情况下,除了从家庭获取创业所需资源外,创业者还需要从外部社会网络获取信息、资金、物质和人力资源(Greve and Salaff,2003)。因此,社会网络支持可以降低农民的风险感知,提高他们对于创业成功可能性的判断,使其更有可能作出创业的选择。

由于农村社区日常交往互动的天然性以及地理区位的相邻性,农民的创业榜样往往是家人、亲戚、朋友或熟悉的社区村民,这些创业榜样会让农民感觉到自己与他们非常具有相似性,从而产生"他能行、我也能行"的创业自我效能感。而且,身边的创业榜样也让农民有更多的机会观察学习,有意识地提升自己的创业技能。另外,农民的亲戚、朋友或者村民中的企业家,可以作为导师给予指导和帮助。同样,感知的网络支持越强,农民的创业信心就越强,也就越有可能作出创业的决策。由此,我们提出

假说 1:创业榜样越多,农民越有可能作出创业的决策。

假说 2:感知的网络支持越强,农民越有可能作出创业的决策。

8.2.2 先前经验与农民创业决策

要创建一家新企业,创业者需要克服很多困难的任务(Liao and

Welsch,2005),能否完成这些任务是创业成功与否的关键。发现具有吸引力的创业机会后,农民需要评估是否有能力成功开发创业机会。这种创业自我效能感代表了农民对于开发创业机会的信心,而他们的先前经验会影响其对于自身创业能力的评估(Politis,2005)。

通过先前的企业创建活动,创业者更加懂得如何围绕创业机会来搜集所需信息和作出有效决策(Shepherd et al.,2000)。另外,先前的创业经历使得创业者在如何筹集创业资源、管理企业以及客户关系方面更有经验(Ucbasaran et al.,2006)。研究指出,通过先前创业的"干中学",创业者可以获得开发创业机会和处理新企业进入障碍所需的知识和经验(Shane,2003)。因此,创业经历能提高个体的自我效能感,使其更有信心开发创业机会。先前的企业管理工作经历能够提供个体许多有关创业机会开发的基本知识,诸如财务、销售、生产工艺以及组织管理等;还能获得创建企业所需的营销、谈判、领导、计划、决策、组织以及沟通等技能(Shane,2003)。企业创建活动需要创业者具备协调、管理资源以及处理企业内外关系的能力,创业经历和管理工作经历使其获得了相关的组织管理能力;此外,通过先前的创业活动和管理工作,创业者建立起良好的社会网络体系,有助于他们获取创业所需要的资源。因此,创业经历和管理工作经历能够提高农民的创业自我效能感,使其更有可能作出创业的选择。

行业工作经历能够提供农民关于当前创业活动有价值的知识和技能。一方面,创业所在行业的工作经历能使个体更好地理解行业的价值链,更加明白企业创建过程中有哪些关键利益相关者;实际上,在很多情况下,个体可以利用已经在该行业中建立的关系来实施创业活动(Kor et al.,2007)。另外,行业工作经历能让个体更有可能了解该行业的一些重要信息,如定价、成本结构、需求趋势等,这些信息能够使其作出更好的决策,并在企业创建活动中更有效率(Dimov,2010)。因此,行业工作经历提高了农民的自我效能感,使其更有信心开发创业机会。

综合以上分析,先前经验有助于增加创业相关知识,提高农民的组织与管理能力,拓展与该行业中顾客、供应商等之间的关系。所有这些均增强了农民完成企业创建诸多任务的信心,使其更有可能开发创业机会。因此,本研究进一步提出

假说 3:有创业经历的农民更有可能作出创业的决策。

假说 4:有管理工作经历的农民更有可能作出创业的决策。

假说 5:有行业工作经历的农民更有可能作出创业的决策。

8.3 数据来源与变量测量

8.3.1 数据来源

本研究中使用的数据来自课题组于 2011 年 1—2 月期间做的问卷调查,本次调查共发放问卷 1500 份。本文的研究对象是发现过创业机会的农民,因此,对上述问卷获得的样本进行筛选之后最终得到的有效样本共 604 份。

本次调查的样本从性别分布来看,男性占 75.50%,女性占 24.50%。从年龄分布来看,30 岁及以下的被调查者占 21.85%,30~40 岁的占 23.18%,40~50 岁的占 49.01%,50 岁及以上的占 5.96%。从教育程度分布来看,小学及以下文化程度的占 11.26%,初中文化程度的占 38.73%,高中文化程度的占 33.68%,高中以上文化程度的占 16.33%。从样本所在地区来看,浙江省最多,占 45.03%,河南省次之,占 6.79%,宁夏最少,占 1.32%。从总体上看,本研究的样本分布较为广泛。

8.3.2 变量与测量

本文的农民创业决策,是指已经发现创业机会的农民,对于是否利用该创业机会作出的选择(Shane,2003)。对于创业决策的测量,我们采取的方法如下:首先,农民创建企业是建立在作出创业决策这一基础上的,因而,创业农民就意味着他曾经发现并选择了利用该创业机会;其次,对于非创业农民,我们先问他"在过去 3 年中,是否发现过创业机会"

(Ucbasaran et al.,2009),若回答"是",则进一步询问"具体是什么创业机会",如能清楚地回答某个具体创业机会,我们就认为他过去发现过创业机会;接着,我们询问"发现了创业机会后,您开展了实质性的企业创建活动吗"(Ucbasaran et al.,2008),由此来获知农民发现了创业机会后是否作出了创业的决策。

对于创业榜样,我们参考 Grundsten(2004)、Van Auken 等(2006)的研究方法,询问被调查者"您的家人、亲朋好友以及熟悉的村民中,有很多创业成功者",并以利克特 5 点量表进行评分,1 代表"完全不同意",5 代表"完全同意"。

对于网络支持的测量,我们借鉴 Grundsten(2004)的测量方法。表 8-1 给出的探索性因子分析结果显示:测量量表信度系数为 0.861,该测量工具的内部一致性信度符合要求;KMO 样本充分性检值为 0.758,说明样本数量是充分的;Bartlett 球形检验值为 248.369($p<0.01$),说明适合提取公共因子。

表 8-1 网络支持探索性因子分析结果

测量项目	因子载荷	信度系数
家人支持	0.897	0.861
亲戚支持	0.939	
朋友支持	0.815	
特征根值	2.351	
累计方差贡献率(%)	78.374	

注:公共因子提取方法为主成分方法。

对于创业者的先前管理工作经历和创业经历,我们采用"您以前有过企业管理工作的经历吗"和"您以前有过创业的经历吗"来测量。对于行业工作经历,我们询问创业者"您创建现在的企业前从事过与本行业相关的工作吗",询问非创业者"您先前从事过与此创业机会相关的工作或有该行业的工作经历吗"。

以往的研究表明,创业者的性别、年龄、受教育程度会对创业决策产生影响(Shane,2003),因此,我们将这些变量设为控制变量。另外,创业者创业时的收入是机会成本,也会影响他们需要从外部获取的资源数量,进而影响他们对于收益以及创业成功可能的判断。于是,我们通过询问农民创业者"创业时的家庭年收入"来衡量创业者的机会成本和家庭资金情况,并根据各年的通货膨胀率调整到 2010 年的收入水平。对于非创业者,我们试图询问他们发现机会时候的家庭年收入,发现数据获取难度较大,因此我们以"上一年(2010 年)的家庭收入"来作为代替。农民对风险的态度也会影响他们的创业决策,在调查中我们也发现一些农民意识到了创业机会,却由于难以承担创业失败的风险而放弃了创业。我们参考Brown 等(2007)的方法来测量被调查者的风险偏好。

最后,当农民面对一个创业机会时,创业成功的可能性对其作出创业抉择有影响,另外其自身的意愿也可能有很大的影响。如果某个农民从来没有过创业的想法和意愿,就不太可能积极搜寻创业机会,即使偶尔接触到一个创业机会,其选择创业的可能性也相对要低;而如果一个农民的创业意愿很强,就可能会积极地寻找创业机会,或者偶尔发现了某个创业机会,其选择创业的可能性就会比较大。综合以上分析,创业意愿会影响农民对于创业机会开发的选择。因此,我们也将农民的创业意愿作为控制变量。对于如何测量农民当时的创业意愿,我们的思路是这样的:对于非创业农民,题项是"我从来没有过自己创业的想法",对于创业农民,题项是"我曾经花费很多时间来寻找创业机会";以上两题都是请被调查者选择自己的态度,以利克特 5 点量表进行评分,1 代表"完全不同意",5 代表"完全同意"。虽然创业机会搜寻行为不能完全表征当时的创业意愿,但先前的研究表明,创业意愿强的个体会更积极地寻找创业机会(Brixy et al.,2012)。因此,对于创业农民,我们以此作为代理变量应该还是合适的。

8.4　数据分析与结果

表 8-2、表 8-3 分别给出了模型变量的统计性描述和相关系数矩阵。

其中,创业榜样、网络支持、管理工作经历和行业工作经历等变量与创业决策之间存在着显著性相关关系。

表 8-2　模型变量统计性描述结果

变量	最小值	最大值	均值	标准差
创业决策	0	1	0.63	0.500
创业榜样	1	5	3.44	0.977
网络支持	−3.59	1.22	0.00	1.000
创业经历	0	1	0.34	0.477
管理工作经历	0	1	0.32	0.467
行业工作经历	0	1	0.59	0.494
性别	0	1	0.77	0.436
年龄	18	60	38.78	9.484
受教育程度	1	16	10.50	2.884
家庭收入	0.50	80	9.23	11.464
风险偏好	0	5	2.66	1.054
创业意愿	1.00	5.00	2.54	1.305

因变量"创业决策"是分类变量("实施创业"赋值为1,"放弃创业"赋值为0),因此本文利用二元 Logistic 回归方法来进行分析。数据分析包括两个模型,模型1为控制变量模型,模型2为全变量模型。自变量为创业榜样、网络支持、创业经历、管理工作经历和行业工作经历;控制变量为性别、年龄、受教育程度、家庭收入、风险偏好和创业意愿,其中性别(女性为参照)为分类变量,以哑变量的形式进入回归,其余控制变量均为连续变量。此外,非创业农民创业意愿的测量是反向的,因此,我们将其转换成正向。

表 8-3 中,年龄与受教育程度的相关系数较高,为此我们对模型中可能存在的多重共线性进行了检验,发现各变量的 VIF 值(方差膨胀因子)均大于1且小于2,说明模型不存在多重共线性问题。

表 8-3　模型变量的相关系数矩阵

变量	1	2	3	4	5	6	7	8	9	10	11	12
创业决策	1											
创业榜样	0.322***	1										
网络支持	0.151*	0.276***	1									
创业经历	0.071	0.079	0.114	1								
管理工作经历	0.141*	0.117	-0.030	0.121	1							
行业工作经历	0.331***	0.181**	0.095	0.079	-0.095	1						
性别	0.196**	0.050	-0.059	0.041	0.029	0.123	1					
年龄	0.119	0.032	-0.165***	0.129	0.077	0.058	0.265***	1				
受教育程度	0.086	0.135*	0.048	-0.061	0.242***	-0.033	-0.210**	-0.441***	1			
家庭收入	-0.138*	0.172**	0.179**	0.036	0.213***	0.013	-0.123	-0.222***	0.262***	1		
风险偏好	0.253***	0.165**	0.194**	0.229**	0.035	0.019	-0.002	-0.039	0.100	0.087	1	
创业意愿	0.286***	0.069	-0.033	0.173**	0.066	0.047	0.028	0.106	0.103	-0.055	-0.085	1

注：*、**、***分别表示在 10%、5%和 1%的水平上统计显著。

模型回归结果如表 8-4 所示。模型 2 的结果表明,创业榜样对农民创业决策有显著的正向预测作用($\beta=0.579$, $p<0.05$),也就是说,农村地区创业榜样越多,农民发现创业机会后更有可能作出创业的决策。因此,假说 1 得到验证。网络支持对于农民创业决策有显著的正向预测作用($\beta=0.446$, $p<0.10$),这说明感知的网络支持越强,农民发现创业机会后更有可能实施创业活动。因此,假说 2 得到验证。在农民先前经历中,管理工作经历和行业工作经历对于农民创业决策都有显著的正向预测作用($\beta=0.897$, $p<0.10$; $\beta=1.445$, $p<0.01$),而创业经历对于农民创业决策的回归系数没有达到显著水平($\beta=0.204$, $p>0.1$)。因此,假说 4 和假说 5 得到验证,而假说 3 没有得到验证。

一些研究指出,创业经历会影响个体的创业决策(Shane, 2003; Ucbasaran et al., 2006),本文的研究结果未能支持这一观点。有研究认为,创业经历只是能够让个体提高对于创业机会判断能力,并没有发现创业经历与创业决策之间的直接联系(Dimov, 2010)。Dimov(2010)认为:通过先前的创业活动,个体更有经验搜集信息来评估创业机会;对于有吸引力的创业机会,个体则要评估成功的可能性,成功可能性越大,其实施创业活动的可能性也就越大;因此,先前的创业经历并不是影响个体选择创业与否的关键。我们在调查中发现,农民的先前创业多为失败的经历,虽然他们从中获取了经验教训,也积累了关于如何创建企业的经验。但他们得到的更多是“如何做是不对的”,而不是“应该如何做”;而且,不同的创业机会利用方式也会有所不同;因此,需要考虑先前创业经历所积累的经验是否能够运用于新的创业活动中。于是,当面临创业机会时,先前的创业经历虽然能够帮助农民更有效地评估新的创业机会,但不能使他们更有信心认为能够创业成功,也就不能影响他们的创业决策。

表 8-4　创业榜样等变量对农民创业决策的回归结果

| | 因变量(农民创业决策) | | | |
| | 模型 1 | | 模型 2 | |
	估计系数	发生比	估计系数	发生比
常数项	−3.952***	0.019	−6.553***	0.001
性别	1.120**	3.064	0.975**	2.651
年龄	0.025	1.025	0.026	1.026
受教育程度	0.120	1.128	0.089	1.093
家庭收入	−0.032*	0.968	−0.052**	0.950
风险偏好	0.735***	2.086	0.623**	1.864
创业意愿	0.535***	1.708	0.564***	1.757
创业榜样			0.579**	1.783
网络支持			0.446*	1.563
创业经历			0.204	1.226
管理工作经历			0.897*	2.451
行业工作经历			1.445***	4.243
Chi-Square	38.377***		63.366***	
−2 Log Likelihood	167.045		134.028	
Cox & Snell R^2	0.227		0.358	
Nagelkerke R	0.304		0.478	

注：*、**、***表示在10%、5%和1%水平上统计显著。

8.5　结论与启示

创业决策是农民创建企业活动中的重要阶段,那么,"在什么情况下,发现创业机会的农民会更有可能作出创业的决策"? 本文的研究结果表明,农民的创业榜样、社会网络支持、先前管理工作经历和行业工作经历是影响其作出创业决策的重要因素。

首先,创业榜样和网络支持会影响农民的创业决策。与创业榜样的相似性激发了农民的行为模仿,通过观察学习和创业榜样的指导、建议,农民获得了创业所需的知识、技能,提高了他们的创业信心,从而更有可能实施创业活动。社会网络能够提供所需的创业资源和情感支持,强的网络支持提高了农民对于创业成功可能性的判断,使其更有可能作出创业的选择。

其次,管理工作经历和行业工作经历影响农民的创业决策。管理工作经历和行业工作经历能够使农民获取更与创业相关的知识和信息,提高他们的组织、管理能力,并拓展他们的社会网络;因此,管理和行业工作经历增强了农民对成功创业的信心,使其更有可能决定实施创建企业活动。

本文的理论贡献主要表现在以下四个方面。其一,本文初步回答了"为什么有些农民会利用创业机会而另一些没有",有助于启发未来研究进一步探索农民创业决策的发生机制。其二,本文实证检验了创业榜样与农民创业决策之间的关系,并分析了其中的作用机理,使农村地区广泛存在的创业榜样与农民的创业决策建立起了联系。其三,本研究表明,网络支持对于农民创业决策有正向影响,这一发现增添了对社会网络如何作用于农民创业决策的理论解释。其四,本文验证了农民的管理工作经历和行业工作经历对于其创业决策的影响,对已有的农民创业文献是一个补充。

本文对于农民创业实践和政策制定有以下几点启示。其一,农民在对创业机会进行评估时,应尽可能寻求身边成功创业者的指导和建议。其二,社会网络的支持对于农民创业有重要的影响,很多的农民创业者正是从社会网络中获取资金、订单等关键创业资源的(边燕杰,2006);因此,农民创业者应寻求社会网络的帮助,并有意识地拓展社会网络,为实施创业活动谋求更多的支持。其三,积累一定的管理工作经验和行业工作经验有助于提高农民的创业能力,增强其创业信心;相关政府部门可以考虑加强这些方面的培训。

本文的研究局限主要表现在以下方面。其一,本研究中的主要变量的测量是基于自我报告的,虽然本文检验了这些测量方法的信度和效度,但仍有可能存在偏差,未来研究可以考虑多重测量方法或更为客观的度量。其二,本文采用的是回顾性数据,由于时间的关系,有些回忆的数据可能会有偏差。如对创业机会识别的界定,虽然我们要求被调查者确认具体的创业机会,但仍可能有误。对此,比较理想的做法是利用跟踪数据来检验本研究结论的可靠性。

（蒋剑勇　钱文荣　郭红东）

9 社会网络、社会技能与农民创业资源获取

9.1 引　言

　　要成功地创建和运行一家新企业,创业者必须完成很多困难的任务(Reynolds et al.,2004;Liao et al.,2005)。要完成这些任务需要各种不同的资源,而创业者自身一般并不拥有足够数量或质量的创业资源,因此,创业者需要从外部获取所需资源(Aldrich,1999;Hanlon and C. Saunders,2007)。基于此,本文试图回答这样一个问题,即农民创业者如何才能从外部获取创业所需的资源。

　　社会网络被视为创业者获取资源的重要来源(Greve and J. W. Salaff,2003;Casson and M. D. Giusta,2007)。创业者可以通过社会网络获取以下四类创业资源:财务资源(Casson and M. D. Giusta,2007)、指导信息(Yoo,2000)、情感支持(Reynolds,2007)和联络介绍(Aldrich,1999)。虽然有关社会网络对获取创业资源作用的论述不少,但大多是在社会网络与企业创建、创业绩效的关系研究中论及的,较少有实证研究直接分析社会网络对资源获取的影响。目前,相关研究主要聚焦于创业资金的获取上,如吸引金融资本和风险投资等(Gulati et al.,2003;Batjargal et al.,2004),而对其他创业资源如信息、知识、情感支持等方面的研究则相对甚少。

中国是最具集体主义文化特质的社会,社会网络在中国的创业实践中发挥着重要的作用(Zhao et al.,1995;Tung et al.,2000)。中国农村是一个关系本位的社会,农民创业者通过撬动社会网络中的关系资源来获取有价值的创业资源(Batjargal,2003);拥有更多社会网络的农民有更多的民间借贷渠道(马光荣、杨恩艳,2011);而边燕杰(2006)的研究也表明,创业者在创业过程中所需的商业情报、创业资金、首份订单等关键资源多数均来自其社会网络。

近期,也有研究探讨了网络活动对新企业创建的影响,认为网络活动对新企业创建和绩效有正向影响。但令人惊讶的是,基于边际效益递减的假设,更多的网络活动对获取创业资源以及创业绩效的影响是负面的;过多的网络活动花费了创业者较多的时间和资源,使其减少了在创业其他方面的投入,从而负向影响了创业绩效。因此,研究认为网络活动对创业资源获取和创业绩效的影响不是线性的,而是呈现"倒U型"的关系(Watson,2007;Semrau et al.,2012)。

除了社会网络,近年来学者们开始关注社会技能对创业的影响。社会技能通过影响创业者获取信息和其他资源的有效性,进而影响新企业的创建和企业绩效(Baron,2003;Baron et al.,2009),因此,社会技能也被视为获取创业资源的关键技能(Ferris et al.,2008)。

目前,国内的农民创业研究主要聚焦于地区差异、农民创业行为、农民创业培训、农民创业意愿以及创业机会识别等方面(王西玉等,2003;黄德林等,2007;朱明芬,2010),关于创业资源获取的实证研究很少。

仔细梳理目前的研究,我们发现存在以下不足之处。第一,对农民创业资源获取的实证研究较缺乏,需要通过定量的经验研究建立起社会网络与资源获取之间的联系。第二,关于农民创业者的社会技能对创业资源获取的影响研究较缺乏。社会网络只是给创业者提供了准入的门槛,而撬动和利用社会网络中的资源需要创业者的有效交往;社会技能正是这样一项关键的能力,能够帮助农民创业者成功地从社会网络中获取所需的创业资源。第三,关于网络活动对创业资源获取的影响的研究相对不足。农民在创建新企业期间的网络活动对资源获取的影响是否呈现正向但边际递减的效应,值得进一步深入研究。

基于此,本研究主要关注两个问题:影响农民创业资源获取的关键因素是什么?农民在新企业创建中的网络活动对资源获取有什么影响?具体而言,我们聚焦于探究农民的网络规模、关系强度、社会技能对创业资源获取的影响以及农民在新企业创建中的网络活动对创业资源获取的影响。

9.2 理论与研究假设

9.2.1 社会网络与农民创业资源获取

社会网络是由个人主要社会关系组成的人际关系网,其中,网络规模是影响人们获取创业资源的主要网络变量(Batjargal,2003)。新企业创建需要许多不同类型的资源,创业者自身一般很难拥有足够数量或质量的各种创业资源,因此他们需要从外部获取所需资源,而社会网络在资源获取过程中扮演着重要的角色(Aldrich,1999)。

社会资本理论指出,网络特征如网络规模等会显著影响创业者从网络获取资源的数量(Stam et al.,2008)。同时,Greve 和 Salaff(2003)认为,网络规模会影响创业者获取创业所需的信息和知识,如客户信息、管理知识,等等。

在农村地区,人际交往更加体现出关系导向的特点,城市居民可以有更多的机会从市场获取资源,而在农村地区,社会网络更有可能成为农民创业者获取资源的途径。农民创业者的网络规模越大,嵌入在网络中的资源就越丰富,农民创业者就越能从个人社会网络中获取市场上难以获取的创业所需资源,或者以较低的成本获取到所需的创业资源。由此,我们提出

假说1:农民的社会网络规模对其获取创业资源有正向影响。

西方研究者一般认为,弱关系能给创业者带来更多的异质信息,充当更好的"信息桥"作用(Granovetter,1973)。而在中国集体主义文化情景下,强关系更受到一些学者的关注(Xiao,2007;Ma et al.,2011)。研究表明,在集体主义文化背景下,一般信任度或社会信任度是较低的(Huff et al.,1973),只有群体内的,也即强关系的信任度才较高。创业是一项高风险的活动,个体往往不太愿意为创业者提供物质帮助,因此,只有那些对创业者高度信任的强关系才能提供支持(Birley,1985)。

社会网络关系强度代表着交往频率、信任水平、亲密程度等,通过频繁的交往,创业者能够与网络成员分享信息和知识;基于情感、信任的网络关系能更有效地从网络成员中获取有价值的资源。因此,在创业过程中,创业者所利用的关系强度越高,就越有可能从社会网络中获取创业所需的资源。

中国农村地区仍相对保持了传统的集体主义文化特征,由于社会信任感的缺失,人们更愿意相信家人、亲属、朋友,而非弱关系。因此,建立在情感和信任基础上的强关系能够有助于农民创业者获取创业所需的各种资源。由此,我们提出

假说2:农民创业者的社会网络关系强度对其获取创业资源有正向影响。

社会网络是创业者获取资源的重要来源,但社会网络的存在并不意味着创业者获得了使用这些资源的权利。社会网络特征,如网络规模、关系特征等会影响创业者可以通过网络接触获取资源的数量。网络活动中的投入越多,创业者的网络规模就越大,就越有可能从中获取更多的创业资源;更多的网络活动能够提高与网络成员的关系质量,进而提高创业者从网络成员中获取资源的可能性。

研究表明,维持网络关系有利也有弊,通过网络联系获取资源需要付出两类成本(Witt,2004)。首先是直接成本,也就是从网络成员获取创业资源需要交换付出的服务、信息和其他资源;其次是在维护网络关系中需要付出的间接成本。直接成本可以视为通过网络交易获取特定资源需要

付出的价格,一般来说这个价格比市场价格要优惠些(Uzzi and Lancaster,2004)。间接成本是一种机会成本,创业者需要花费时间和精力来构建与维护网络关系以获取创业所需的资源,这样就可能会影响他们完成创建企业的其他任务。因此,只有在收益超过成本的时候,更多的网络活动对创业者才是有利的。

在农村地区,人际交往更能体现出关系导向的特点,社会网络更有可能成为农民创业者获取资源的途径;而农村地区的集体主义文化使人们更愿意相信家人、亲属、朋友而非弱关系,因此,农民创业者可能会把主要时间和精力花费在强关系上,以获取创业所需的资源。在某种情况下,网络成员已经有足够的动机愿意提供各种资源,而农民创业者额外的网络活动则会花费更多的时间和精力,但却并不一定会带来额外的效益。综合以上的分析,农民创业者的网络活动对创业资源的获取的影响是正向但是边际递减的。由此,我们提出

假说3:农民创业者的网络活动对其获取创业资源有正向但是递减的影响。

9.2.2 社会技能与农民创业资源获取

社会技能是指通过有效地理解他人和影响他人来实现自己目标的能力(Ahearn et al.,2004)。人们要有效地与他人交往并达成自己的目标,就需要具备较高的社会技能。较高的社会技能能够给他人留下较好的印象,拓展并优化社会网络。有学者认为,个人社会网络某种程度上可以认为是其社会技能的部分结果(Baron and Markman,2000)。

先前的研究表明,在中国文化背景下,创业者的社会技能对企业生存和发展而言非常重要(Luo,2003;Peng,2003)。中国正处于经济转型阶段,创业者难以独自处理面临的各种问题和不确定性,这就需要他们构建各种关系来帮助其突破各种障碍(Tan,2004)。同样,农民创业者希望从社会网络中获取创业所需的各种资源,就需要具备一定的社会技能。社会网络为获取资源提供了一种可能,只有农民创业者充分利用自己的社会技

能,积极地与网络成员互动交往,才能有效地获取所需的各种创业资源。

由此看来,农民创业者的社会技能会影响其对创业资源的获取。社会网络构成决定着个体可以从网络中获取资源的数量和质量,但这并不意味着具有相同社会网络的个体能够获取同样的资源,因为社会技能在一定程度上影响着个体对社会网络的开发和利用能力。基于以上分析,本研究进一步提出

假说4:农民创业者的社会技能对其获取创业资源有正向影响。

9.3　数据来源与变量测量

9.3.1　数据来源说明

本研究中使用的数据来自课题组于2011年1—2月间做的问卷调查,本次调查共发放创业农民问卷1500份,回收有效问卷324份。样本从性别分布来看,男性占83.33%,女性占16.67%。从年龄分布来看,30岁及以下的被调查者占16.98%,30～39岁的占21.91%,40～49岁的占50.00%,50岁及以上的占11.11%。从受教育程度分布来看,小学及以下文化程度的占8.64%,初中文化程度的占37.04%,高中文化程度的占37.04%,高中以上文化程度的占17.28%。从样本所在地区上来看,浙江省最多,占39.81%,河南省次之,占8.33%,宁夏和陕西最少,占1.85%。从总体上来看,本研究的样本分布较为广泛。

9.3.2　变量与测量

对于资源获取的测量,本文主要考察农民创业者在获取各种创业资源方面的行动效率和效果。资源获取效率可以体现在农民创建企业的行动效率上,而企业的首笔销售是公认的企业创建形成最后阶段中的关键行为(Reynolds and Miller,1992)。因此,我们以农民创业者从开始筹建企业到完成第一笔销售的时间来衡量其资源获取行动效率,资源获取效率是

一个定序变量,数值越小,意味着所花费的时间越少,其行动效率就越高。

对于资源获取效果,我们借鉴其他学者的观点(Bian,1997;Schultz,2001;Shane,2003;Wiklund et al.,2003),使用"能够通过社会网络获得所需的资源""能够通过社会网络获得所需物质资源"以及"能够通过社会网络获得所需的信息、知识资源"来度量,用利克特 5 点量表进行评分,1代表"完全不同意",5 代表"完全同意"。

本研究使用同一份问卷搜集数据,在 324 份有效问卷中,随机抽取100 份问卷划分为样本 1,用于资源获取效果的探索性因子分析,用剩余的 224 份问卷作为样本 2 作验证性因子分析。

表 9-1 给出的探索性因子分析结果显示,测量量表信度系数为0.816,该测量工具的内部一致性信度符合要求;KMO 样本充分性检值为 0.680,说明样本数量是比较充分的;Bartlett 球形检验值为 87.661(p<0.01),说明适合提取公共因子。提取的这个公共因子就是资源获取效果,我们以该公共因子值代替原来的三个观测变量值进行回归分析。

表 9-1　资源获取效果探索性因子分析结果

测量项目	因子载荷	信度系数
获得所需的资源	0.870	
获得所需物质资源	0.899	0.816
获得所需的信息、知识资源	0.794	

注:公共因子提取方法为主成分方法;特征根值为 2.187;累计方差贡献率为 73.212%。

我们同时依据该结构进行了验证性因子分析,结果发现单因素模型拟合较好(χ^2/df=2.513,CFI=0.931,LTI=0.918,RMSEA=0.043)。

对于网络规模测量,本研究并没有采用创业研究中通常采用的讨论网规模(Greve and Salaff,2003)。与创业者讨论创业事宜的网络成员可能并没有提供创业资源,而没有参与讨论创业事宜的网络成员可能提供了相关的帮助。因此,我们采用 Hansen(1995)的行动集观点,询问被调查者"创建企业时得到过谁的帮助"(Lechner et al.，2006)。该问题所获得的人数就是该被调查者的社会网络规模。

网络强度反映的是创业者与联系人之间的关系亲疏程度,本文采用提名生成法来测量社会网络的关系强度。在上文中网络规模问题的基础上,本研究进一步要求被调查者依次列出对其帮助最大的五个联系人情况。我们参考其他学者的测量方法(Hansen，1999；McEvily，1999；Levin and Cross，2004；杨俊等，2009),以认识时间、交往频率、熟悉程度、亲密程度和信任程度多重指标来测量,用利克特5点量表进行评分。同资源获取效果的样本划分一致,这里选取上文中提及的样本1用于探索性因子分析,剩余的问卷为样本2作验证性因子分析。

表9-2是对"帮助最大第一人"关系强度的探索性因子分析结果。结果显示,测量工具的内部一致性信度符合要求；KMO样本充分性检值为0.751,说明样本数量是充分的；Bartlett 球形检验值为 99.660($p<$ 0.01),说明适合提取公共因子。我们接着依据该结构进行了验证性因子分析,结果发现单因素模型拟合良好(χ^2/df=3.113，CFI=0.928，LTI=0.930，RMSEA=0.067)。

表 9-2　关系强度(帮助最大第一人)的探索性因子分析结果

测量项目	最小值	最大值	因子载荷	信度系数
认识时间	3	5	0.646	
交往频率	1	5	0.726	
熟悉程度	3	5	0.692	0.739
亲密程度	3	5	0.899	
信任程度	3	5	0.588	

注:公共因子提取方法为主成分方法；特征根值为 2.281；累计方差贡献率为 67.739%。

运用相同的方法,我们对其他四个联系人的关系强度进行测量和因子分析,得到另外四个因子值。对这五个因子值取平均值,就是社会网络关系强度,下文以该均值代替原来的观测变量值进行回归分析。

对于网络活动,我们参考 Aldrich 等(1987)的测量方法,询问被调查者"每周大约花费多少时间维系社会关系和商讨创办企业的事宜",以此来衡量农民创业者的网络活动。

我们采用 Baron 和 Markman(2003)的社会技能量表来衡量农民创业者的社会技能,由 13 个项目组成,用利克特 5 点量表进行评分,1 代表"完全不同意",5 代表"完全同意"。

用样本 1 进行探索性因子分析,测量量表信度系数为 0.771,该测量工具的内部一致性信度符合要求;KMO 样本充分性检值为 0.752,说明样本数量是充分的;Bartlett 球形检验值为 351.945($p < 0.01$),说明适合提取公共因子。探索性因子分析显示,该量表可以提取三个因子,参考 Baron 和 Markman(2003)的构思,将这三个因子分别命名为社会适应、社会感知和社会表现。

对该结构进行验证性因子分析,结果显示三因素模型拟合不理想($\chi^2/df = 1.958$,CFI = 0.782,LTI = 0.695,RMSEA = 0.109)。我们接着验证了单因素模型、两因素模型,具体结果见表 9-3。

表 9-3　社会技能验证性因子分析选择模型比较

模型	模型拟合度			
	χ^2/df	CFI	LTI	RMSEA
三因素模型	1.958	0.782	0.695	0.109
单因素模型	1.958	0.540	0.356	0.159
两因素模型(社会感知 5 项,社会适应和社会表现 8 项)	2.879	0.572	0.401	0.153
两因素模型(社会感知和社会适应 10 项,社会表现 3 项)	2.066	0.757	0.660	0.115
两因素模型(社会感知 5 项,社会适应 5 项)	1.559	0.900	0.909	0.077
二阶模型(社会感知 5 项,社会适应 5 项)	1.559	0.900	0.909	0.077

结果显示,包含社会感知五个项目和社会适应五个项目的两因素模型拟合较好,社会表现三个项目的内部一致性信度为 0.665,社会感知和

社会适应两个因素之间的相关性显著($r=0.481, p<0.01$)。因此,我们考虑将这两个因素结合起来,利用二阶验证性因子分析。表 9-3 中的结果显示,模型的拟合度较好。得到的因子包括 10 个项目,命名为社会技能(信度系数$=0.816$)。

先前研究表明,创业者的性别、年龄、受教育程度、先前工作经历和创业经历对获取创业资源会有影响(Renzulli et al. , 2000;Parker, 2007;Diochon et al. , 2008),因此,我们将这些变量设为控制变量,分别通过"您有过多少年的非农工作经历"以及"您以前有过创业的经历吗"两个问题来测量先前工作经历和先前创业经历。另外,创业者创业时的家庭收入会影响他们需要从外部获取的资源量,企业所在的行业也会影响创业所需的资源数量;由此,我们通过询问农民创业者"创业时的家庭年收入"来衡量家庭收入;而且,我们把创建企业所在行业分为制造业和非制造业。最后,创业者可以分为机会型和生存型,不同类型的创业者对资源获取的需求也会不同。参考 Schjoedt 和 Shaver(2007)的方法,我们询问农民创业者"选择创业是因为:(1)为了抓住难得的商业机会;(2)没有其他工作选择;(3)对其他的工作选择不满意",选择第一项为机会型创业者,选择后两项则为生存型创业者。

9.4 数据分析与结果

表 9-4 和表 9-5 分别给出了模型变量的统计性描述和相关系数矩阵。其中,网络规模、关系强度、社会技能、网络活动等变量与创业资源获取之间存在显著正相关关系。

表 9-4 模型变量统计性描述结果

变量	最小值	最大值	均值	标准差
资源获取效率	1.00	5.00	3.16	1.554
资源获取效果	−2.42	2.21	0.00	1.000

变量	最小值	最大值	均值	标准差
网络规模	2.00	41.00	9.58	6.900
关系强度	−2.50	0.88	0.00	0.690
社会技能	−2.27	2.57	0.00	1.000
网络活动	1.00	5.00	3.51	1.303
性别	0.00	1.00	0.83	0.381
年龄	18.00	60.00	39.83	9.048
受教育程度	2.00	16.00	10.73	2.877
工作经历	0.00	36.00	12.01	8.146
创业经历	0.00	1.00	0.38	0.488
家庭收入	0.30	80.00	8.03	10.614
所在行业	0.00	1.00	0.58	0.497
创业者类型	0.00	1.00	0.44	0.500

　　一般来说,可以从三个不同角度来测量社会网络,也就是网络活动、网络结构和网络收益,这三者之间相互联系,可能是互为因果的关系。因此,我们将网络特征、网络活动对资源获取的影响分开进行处理。本研究的数据分析分为两部分操作,首先分析网络规模、网络强度等对资源获取的影响,然后分析网络活动对资源获取的影响。本文采用层级式的多元回归方法,资源获取效果是一个连续变量,可以采用一般线性模型进行回归分析;但资源获取效率则是一个定序变量,故我们采用 Ordinal 回归模型进行分析。

　　第一部分的数据分析包括四个模型,模型 1、模型 3 和模型 2、模型 4 分别是控制变量模型和全模型。自变量为网络规模、关系强度和社会技能,控制变量为性别、年龄、受教育程度、工作经历、创业经历、家庭收入、所在行业以及创业者类型。其中,性别(女性为参照)、创业经历、所在行业(制造业为参照)、创业者类型(生存型创业为参照)为分类变量,以哑变量的形式进入回归,其余控制变量均为连续变量。

表 9-5 模型变量的相关系数矩阵

变量	1	2	3	4	5	6	7	8	9	10	11	12	13	14
资源获取效率	1													
资源获取效果	−0.115	1												
网络规模	−0.287**	0.279**	1											
关系强度	−0.208*	0.256**	0.090	1										
社会技能	−0.320***	0.212*	0.078	0.034	1									
网络活动	−0.193*	0.303***	0.156*	0.071	−0.143	1								
性别	0.008	0.121	0.097	−0.156	−0.111	−0.086	1							
年龄	−0.305***	0.105	0.344***	0.064	0.066	−0.300***	0.078	1						
受教育程度	−0.069	−0.115	0.288**	0.096	0.227*	0.105	−0.066	−0.385***	1					
工作经历	−0.326***	0.198*	0.316***	−0.018	0.098	−0.266**	0.158	0.492	−0.138	1				
创业经历	−0.131	0.129	0.202*	0.177	−0.050	−0.133	0.088	0.158	0.040	0.266**	1			
家庭收入	−0.267**	0.266**	0.081	0.116	0.140	0.007	−0.141	−0.131	0.295***	−0.033	0.089	1		
所在行业	0.040	−0.163	−0.172	−0.058	0.105	0.216*	−0.389***	−0.169	0.068	−0.204	−0.172	0.002	1	
创业者类型	−0.169	0.002	−0.038	−0.032	0.109	0.061	0.080	−0.088	0.076	0.002	0.226**	0.176	0.006	1

注：*、**、***分别表示在10%、5%和1%的水平上统计显著。

在进行回归分析之前,我们对模型中可能存在的多重共线性、异方差问题进行了相关检验。各个模型中各变量的 VIF 值(方差膨胀因子)均大于 1 且小于 2,说明各模型不存在多重共线性问题;分别对回归模型以标准化预测值为横轴、标准化残差为纵轴进行残差项的散点图分析,散点图呈无序状态,说明各模型不存在异方差问题。

网络规模、关系强度、社会技能等对资源获取的回归分析结果如表9-6所示。模型 2 的统计结果表明,农民创业者嵌入的网络关系强度对其获取创业资源的效率有显著的正向预测作用($\beta=-0.742$,$p<0.1$)[①],而网络规模对资源获取效率的回归系数没有达到显著水平。模型 4 的统计结果表明,网络规模对资源获取效果有显著的正向预测作用($\beta=0.191$,$p<0.01$),而关系强度对资源获取效果的回归系数没有达到显著水平。因此,假说 1 和假说 2 得到了部分支持。模型 2 和模型 4 的统计结果表明,社会技能对资源获取效率和效果都有正向预测作用($\beta=-0.592$,$p<0.1$;$\beta=0.283$,$p<0.05$)。因此,假说 4 得到了验证。

表 9-6 网络规模、关系强度对资源获取效率和效果的回归结果

类别	资源获取效率		资源获取效果	
	模型 1	模型 2	模型 3	模型 4
性别	−0.114	−0.244	−0.008	0.202
年龄	−0.081***	−0.080	0.022	0.013
受教育程度	−0.081	−0.159	−0.011	−0.011
工作经历	−0.053*	−0.065*	0.007	−0.009
创业经历	−0.026	−0.661	0.048	0.006
家庭收入	−0.042*	−0.048*	0.031*	0.020*
所在行业	0.286	0.426	−0.354	−0.316
创业者类型	−0.700	−0.973*	0.050	0.178

① 在变量测量中我们已经说明,资源获取效率以农民创业者从开始筹建企业到完成第一笔销售的时间来衡量,其数值越小,意味着所花费的时间越少,表明资源获取效率越高。因此,回归系数为负表示网络关系强度对资源获取效率的影响是正向的。

续表

类别	资源获取效率		资源获取效果	
	模型 1	模型 2	模型 3	模型 4
网络规模		-0.282		0.191^{***}
关系强度		-0.742^{*}		0.109
社会技能		-0.592^{*}		0.283^{**}
Chi-Square	18.802^{***}	26.439^{***}		
-2 Log Likelihood	160.637	147.141		
Cox & Snell R^2	0.230	0.315		
Nagelkerke R^2	0.251	0.343		
R^2			0.182	0.385
调整后的 R^2			0.074	0.260
ΔR^2				0.186
F 值			2.051	3.072^{***}

注：*、**、*** 分别表示在 10%、5% 和 1% 的水平上统计显著。

上述研究结果也提示我们，网络规模和关系强度对获取不同类型的资源可能有不同的影响。为此，本文将创业资源获取中主要的物质资源获取和信息资源获取作为因变量来分析网络规模、关系强度对它们的影响。我们通过询问被调查者"能够通过社会网络获得所需的物质资源"以及"能够通过社会网络获得所需的信息、知识资源"来度量，用利克特 5 点量表进行评分，1 代表"完全不同意"，5 代表"完全同意"。模型的估计结果如表 9-7 所示。模型 5 的统计结果表明，农民创业者嵌入的网络规模、关系强度对其获取物质资源都有显著的正向预测作用（$\beta=0.131$，$p<0.01$；$\beta=0.113$，$p<0.1$）；模型 6 的统计结果表明，网络规模对获取信息资源有显著的正向预测作用（$\beta=0.152$，$p<0.01$），而关系强度对信息资源获取没有显著影响。农民创业者的网络关系越广，就越有可能获得创业所需要的物质资源和信息资源；由于创业的高风险性，能提供实质性物质帮助的一般都是强关系，所以，农民创业者所利用的关系强度越高，就

越有可能获取物质资源。

表 9-7　网络规模、关系强度对物质资源和信息资源获取的回归结果

类别	物质资源获取	信息资源获取
	模型 5	模型 6
性别	0.193	0.275
年龄	0.016	0.013
受教育程度	0.003	0.026
工作经历	−0.004	−0.019
创业经历	−0.177	0.083
家庭收入	−0.021**	−0.021**
所在行业	−0.177	−0.189
创业者类型	0.232	0.076
社会技能	0.211**	0.234**
网络规模	0.131***	0.152***
关系强度	0.113*	0.018
R^2	0.305	0.338
调整后的 R^2	0.163	0.203
F 值	2.155**	2.508**

注：*、**、*** 分别表示在 10%、5% 和 1% 的水平上统计显著。

　　第二部分的数据分析也包括四个模型,模型 7、模型 9 和模型 8、模型 10 分别是控制变量模型和全模型。网络活动对资源获取的回归分析结果如表 9-8 所示。模型 8 和模型 10 的结果表明,农民创业者创建企业期间的网络活动对其获取创业资源的效率和效果都有显著的正向预测作用($\beta = -1.209$, $p < 0.05$;$\beta = 1.374$, $p < 0.05$);同时,我们也发现,网络活动的平方值对资源获取效率和效果的作用是负向的($\beta = 0.168$, $p < 0.1$;$\beta = -0.192$, $p < 0.1$),也就是说,呈现边际递减的效应。因此,假说 3 得到了验证。

表 9-8　网络活动对资源获取效率和效果的回归结果

类别	资源获取效率		资源获取效果	
	模型 7	模型 8	模型 9	模型 10
性别	−0.475	−0.227	0.070	0.141
年龄	−0.010*	−0.089 *	0.019	0.006
受教育程度	−0.018*	−0.024	−0.036	−0.033
工作经历	−0.005	−0.075*	0.004	0.000
创业经历	−0.030	−0.023	0.106	0.124
家庭收入	−0.003	−0.003	0.012	0.009
所在行业	0.281	0.446	−0.310	−0.262
创业者类型	−0.878	−0.218	0.005	−0.085
社会技能	−0.216*	−0.101	0.232*	0.198*
网络活动		−1.209**		1.374**
网络活动的平方		0.168*		−0.192*
Chi-Square	19.555**	46.266***		
−2 Log Likelihood	155.086	127.315		
Cox & Snell R^2	0.241	0.484		
Nagelkerke R^2	0.263	0.528		
R^2			0.147	0.381
调整后的 R^2			0.021	0.247
ΔR^2				0.226
F 值			1.168	3.072***

注: * 、** 、*** 分别表示在 10%、5% 和 1% 的水平上统计显著。

9.5　结论与启示

　　获取创业资源是创建新企业的关键任务,那么,农民创业者如何能从外部获取创业所需的资源? 本文的研究结果表明,农民创业者的社会网络特征、社会技能以及网络活动是影响其获取创业资源的重要因素。

　　首先，农民创业者的社会网络特征会影响其对创业资源的获取。网络规模影响着资源获取的效果，农民创业者的网络规模越大，嵌入在网络中的资源就越丰富，农民创业者就越能获取足够数量的创业资源。网络规模更大的农民创业者往往更容易获取更丰裕的资源，但不一定能以较快的速度获取资源。关系强度是影响资源获取效率的主要因素，建立在情感和信任基础上的强关系有助于农民创业者更迅速地获取创业所需的情感支持、信息和物质帮助。虽然通过其他途径或者弱关系也可能获得创业资源，但是效率相对较低。此外，网络规模、关系强度对获取不同创业资源的作用是不同的，前者对获取物质资源和信息资源都有影响，而后者则主要作用于物质资源的获取。

　　其次，农民创业者的社会技能会影响其对创业资源的获取。农民创业者希望从社会网络中获取创业所需的各种资源，就必须具备一定的社会技能。社会网络为获取资源提供了一种可能，农民创业者只有充分利用自己的社会技能，积极地构建与拓展各种网络关系来帮助其突破各种障碍，才能有效地获取所需的各种创业资源。虽然先前的研究有提及创业者的社会技能会影响资源获取，进而对新企业创建和创业绩效产生影响，但是并没有对创业者的社会技能与资源获取的关系进行实证研究，本研究结果支持了这一观点。

　　再者，农民创业者的网络活动对创业资源获取的影响是正向但是边际递减的，即呈现出"倒 U 型"的关系。农民创业者投入更多的网络活动用于拓展网络规模和加强关系，的确提高了其从社会网络中获取资源的可能性。然而，研究结果也表明，额外的网络活动投入需要付出更多的成本，即可能出现递减的资源回报。这意味着更多的网络活动投入若不能进一步有效地促使关系人提供更多的资源，也就无助于提高创业资源获取的效率和效果。本文的研究结果部分地解释了 Watson(2007)发现的关于网络活动与新企业绩效之间呈"倒 U 型"关系的现象。

　　本文的理论贡献主要表现在以下三个方面：其一，本文实证检验了社会网络特征与农民创业资源获取的关系，发现了网络规模、关系强度对资源获取效果和效率以及不同创业资源的不同影响。这一发现支持并强化了有关社会网络作用于创业活动的理论判断,并弥补了先前研究的不足。其二,本文验证了农民创业者社会技能与资源获取之间的关系,发现社会技能对农民创业者资源获取效率和效果均有影响。这一发现增添了社会技能对创业活动关系的理论解释,有助于启发未来研究进一步探索创业者社会技能如何影响创业活动的内在机理。其三,本文发现了网络活动对资源获取呈现正向但边际递减的影响,增添了社会网络与创业活动关系的解释视角。通过假说验证,本文支持了先前研究中关于网络活动投入边际资源回报递减的观点(Watson,2007),并进一步提供了网络活动投入时间机会成本的经验证据。

本文对农民创业实践和政策制定有重要的启示:第一,在创业资源获取过程中,农民创业者可以利用强关系网络提高资源获取的效率,但也应该注重拓展自己的社交圈子,利用强关系网络撬动其他的网络资源来获取创业所需的资源,这将有助于提高资源获取的效果,提高创办新企业的成功率。第二,农民创业者可以考虑有意识地提高自己的社会技能,积极地在实践中锻炼与别人融洽相处并达成自己目标的能力。这些能力的提高有助于创业者更有效地获取创业所需的资源,完成新企业的创建。第三,农民创业者应该投入时间和精力构建和维护社会网络,并充分利用社会网络来获取各种创业所需的资源。然而,他们应该清楚,这当中可能有个适度的问题,更多的网络活动投入可能带来递减的回报。因此,农民创业者需要平衡网络活动和其他的创建企业任务,合理安排自己的时间和资源投入。第四,研究表明,社会技能能够通过特定形式的培训得以提高(Gresham and Elliott,1993)。因此,对相关政府部门而言,在一些农民培训项目中,应该考虑加强关于社会技能方面的培训,有助于农民创业者更好地创建和运行新企业。

本文的研究局限主要表现在以下几个方面:一是本研究中对主要变量的测量是基于自我报告的,虽然先前的研究已经支持这些测量方法的信度和效度,而且本文也对这些测量方法进行了检验,但仍有可能存在偏差。因此,对于本研究的结论应该审慎对待,未来的研究可以考虑多重测量方法或更为客观的度量,例如,对社会技能的测量可以通过第三人报告的方式来提高研究结论的可靠性。二是本研究仅使用农民创业者用于社会交往的时间来衡量网络活动投入,因此,我们不能确定他们实际花费在某一特定网络接触上的时间。某些农民创业者可能平均分配时间花费在各个网络伙伴上,而另一些则可能花费大量的时间在小部分网络成员上,因此,网络活动投入与资源获取之间的关系可能会受到影响。本文只能从研究结果中推断投入在固定网络数量接触的额外网络活动对资源回报的收益是递减的。另外,本文仅使用时间作为网络活动投入的衡量指标,未来研究可进一步衡量金钱等其他方面的投入与资源获取之间的关系。三是本研究所采用的是横截面数据,变量之间的因果关系可能是不太确定的。例如,是农民创业者的社会技能提高了其获取创业资源的可能性,还是创业的成功提高了农民创业者的社会技能,这些都需要通过纵向的跟踪数据来检验本研究的结论。

（蒋剑勇　钱文荣　郭红东）

10 社会资本对农民创业融资的影响研究

10.1 引 言

农民创业是对封闭的农业经营模式的超越,是加快农村城镇化的基本动力,是加速农村工业化的重要载体,是完善所有制结构、增强社会活力的重要力量。因此,积极合理地引导农民创业对于增加农民收入、实现农村剩余劳动力转移和统筹城乡经济发展具有十分重大的意义。

在农民的创业过程中,融资难问题已经成为制约农民创业的瓶颈。由于农户规模小、缺乏信贷记录,金融机构要对其进行深入了解比较困难,同时农户又往往缺乏抵押担保,因而往往难以从正规金融机构获取贷款,这给农民创业融资带来了很大的困难。根据赵西华和周曙东(2006)进行的一项调查,约有63%的农户认为创业过程中最缺的是资金。由此可见,资金已经成为农民创业过程中的一个重要问题,如何解决农民创业融资问题是一项紧迫而艰巨的任务。

社会资本是一种内嵌于社会网络中的资源,行为人在采取行动时能够获取和使用这些资源(林南,2005)。社会资本具有克服不对称信息、降低交易成本、促进交易等作用。中国传统的乡村社会是一个以血缘为中心的传统亲属关系占据重要地位的熟人社会,农民的融资特点具有很强的社会性,农村社会中血缘、亲缘、地缘等非经济因素会对农民的融资产

122

生一定的影响。因此,在促进农民创业融资的问题上,信贷融资理论与社会资本理论形成了很好的契合点。

从现有的研究来看,学者们对社会资本影响农民创业融资的直接研究成果较少。因此,本文选择从社会资本的角度来研究农民创业过程中的融资问题,运用实地调查数据对农民创业过程中的信贷途径等方面进行深入研究,探究农民社会资本在其创业过程中的基础性资金调配功能。本文结构安排如下:首先,回顾了社会资本和信贷融资的相关理论和文献;其次,结合我国农民创业融资的实际情况,构建了社会资本影响农民创业融资的实证分析框架;接着,通过浙江省嘉兴市的实地调查数据,进行了社会资本对农民创业融资影响的实证研究;最后,基于本文的研究结论给出相应的政策建议。

10.2　理论与研究假设

10.2.1　社会资本对农民创业融资影响的机理分析

在信贷融资过程中,最大的问题是信息不对称问题,而社会网络中蕴含的社会资本却能很好地解决这一问题。中国传统的乡村社会是一个以血缘和亲缘为主的熟人社会,因此,在农民的创业融资过程中,社会资本的作用主要体现在两个方面。第一,当农民缺乏创业资金时,可以通过社会网络中的各个成员直接或间接地搜寻到潜在的贷款人,此时社会资本有助于降低借贷信息的搜寻成本。第二,贷方可以通过社会网络提供的专有信息,降低信息的甄别成本。因为贷方可以比较容易地通过创业农民的社会关系网络,了解到很多专有的、封闭在已有关系网络成员之间的信息,包括农民个人的人品、信誉、创业项目、经营能力、还款来源等信息,而且获得的这些信息的可靠程度相对也比较高。

我国农村地区普遍存在着非正规信贷现象,非正规信贷的运行正是因为充分利用了当地的社会资本,诸如人缘、地缘或其他商业关系等,而信息机制在其中扮演了不可或缺的角色。在正规信贷中,主要是通过整合已有的网络成员之间的社会资本,来降低借款人和正规金融机构之间的信息不对称程度。例如,联保贷款模式就是充分利用了上文所述的信息机制,通过熟人之间知根知底的信息分享,间接地在正规信贷的过程中利用了社会资本的优势。因此,在农民创业融资的过程中,社会资本有助于减少信息的搜寻和甄别成本,缓解信息不对称问题,降低交易成本。

10.2.2　社会资本指标体系的构建

对于社会资本的概念界定和测量方法,国内外学者有着不同的理解。皮埃尔·布迪厄(1986)认为,个体所占有的社会资本的多少取决于两个因素:一是行动者可以有效地加以运用的社会网络的规模;二是网络中每个成员所占有的各种资本的数量。后来的研究者在测量社会资本时,基本上也是从这两个方面来进行的,即个人网络的规模(结构)和网络中嵌入的资源数量(赵延东、罗家德,2005)。

基于已有的研究成果以及笔者对现实情况的思考,本文从网络规模、网络资源、网络强度三个维度对创业农民的社会资本进行测量评估。网络规模表示网络中网络成员的数目大小;网络资源表示蕴含在网络关系中来自于各网络成员的资源情况;网络强度表示农民主体与网络成员之间的关系紧密程度,其在一定程度上体现了农民摄取社会网络中资源的能力。

10.2.3　实证分析框架的构建

由于影响农民创业信贷可得性的因素有很多,根据已有的研究成果、本文的研究目标以及对现实情况的调研,本文构建了一个社会资本对农民创业融资影响的实证分析框架,具体见图 10-1。

其中,社会资本将被作为自变量考虑,主要从网络规模、网络资源和网络强度三个维度进行考察。一般而言,网络规模越大、网络资源越丰富、网络强度越紧密,其社会资本就越高,农民就越容易获得创业资金。

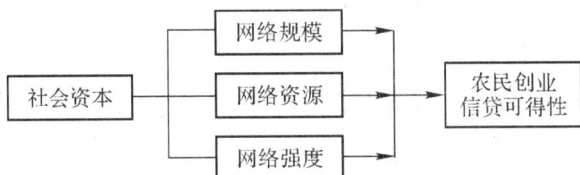

图 10-1 社会资本对农民创业信贷可得性影响的实证分析框架

1. 网络规模与信贷可得性

社会资本中的网络规模表示网络的大小,本文用密切联系的网络成员数量来表示。如果创业农民的网络规模较大,那么创业农民可以通过已有的社会网络成员搜寻到更多的潜在贷款人。许多研究者都提出假设并经验证得到,一般而言,网络规模较大的社会网络所提供的社会资本更为丰富,因而农民创业信贷可得性也越高。

2. 网络资源与信贷可得性

网络资源是反映网络中嵌入的资源的指标,它表示蕴含在网络关系中的各网络成员拥有的资源情况。本文从网络顶端、网络差异、网络成分三个方面对其进行测量。其中,网络顶端是指网络成员中拥有最高地位、权力、财富的网络成员状况,这里主要用网络成员的最高职业声望来表示;网络差异是指网络成员在职业、地区、地位方面的异质性情况,这里主要用网络成员的职业类型个数来表示;网络成分则用典型网络成员的构成来表示,这里主要利用网络成员中金融机构从业人员的数量,政治资源、财富状况来进行测量。一般而言,社会网络中嵌入的资源越多,其所能提供的社会资本也越大,农民创业的信贷可得性也越高。

3. 网络强度与信贷可得性

网络强度是一个表示农民主体与网络成员之间关系紧密程度的指标,这个指标在一定程度上体现了农民调动社会网络资源的能力。即使个体的社会网络规模很大,其嵌入的网络资源也非常丰富,但是如果主体与其网络成员之间的关系不够紧密,那么仍旧无法调动网络中嵌入的各种资源,故而其社会资本也不会很高。格拉诺维特(1974)曾经指出,关系的强度是一个多维度指标,是概述关系特征的时间量、情感紧密性、信任程度以及交互服务的复合体。因此,本文从交往频率、亲密程度、信任程度、互惠交换四个方面来测量网络强度。如果创业农民与网络成员之间关系紧密且信任程度较高,那么更容易降低借贷过程中的不确定因素,从而也就更容易获得借贷资金。一般而言,主体与网络成员之间的关系越紧密,则其社会资本越高,农民创业的信贷可得性也越高。

综上所述,表 10-1 中给出了社会资本各指标对农民创业融资的可能影响方向。

表 10-1　社会资本各指标对农民创业融资的可能影响方向

测量维度	影响因素	因素含义	影响方向
网络规模	网络大小	网络中联系的网络成员的总数量	＋
网络资源	网络顶端	最高职业声望	＋
	网络差异	网络成员行业异质性	＋
	网络成分	金融机构成员情况,财富、地位等	＋
网络强度	交往频率	与网络成员之间的来往频率	＋
	亲密程度	与网络成员之间的亲密程度	＋
	信任程度	与网络成员之间的信任程度	＋
	互惠交换	农忙时互相帮忙	＋

注:"＋"表示正向影响。

10.3　数据来源、变量测量与模型构建

10.3.1　数据来源

本文采用的数据来自于 2011 年 7—9 月的调研。本文对于农民创业者的问卷访谈调查,很多是在被调查地区相关人员的带领下完成的,主要采用了两种调查方法,即偶遇法和入户调查法。本文对于创业农民的识

别主要从以下几个方面入手:①创业者是农村户口;②创业者是自我雇佣;③创业是指从事农业的规模化种植或养殖、外出经商、开办工厂、开商店、搞运输、服务业等以市场为导向的盈利性活动。本次调研的地区是嘉兴市五县两区,即秀州、南湖、海宁、海盐、嘉善、桐乡、平湖。调查对象是嘉兴市的创业农民,其创业的行业范围非常广泛,包括第一产业、第二产业和第三产业。此次问卷调查共发放问卷 200 份,回收 145 份,有效问卷130 份。

10.3.2 变量测量

1. 因变量:农民创业融资信贷可得性测量

农民创业融资的信贷可得性分为非正规金融与正规金融的信贷获得情况,在问卷调查中,将 1 设为"获得过信贷",将 2 设为"没有获得过信贷"。

2. 自变量:社会资本

社会资本的三个测量维度为网络规模、网络资源、网络强度。网络规模用密切联系的网络成员数量来表示;网络资源从网络顶端、网络差异、网络成分三个方面进行测量;网络强度则利用交往频率、亲密程度、信任程度、互惠交换四个方面来进行测量,并通过采用利克特 5 点量表对 10个相关问题进行数据采集。由于这 10 个变量之间存在一定的相关性,本文拟采用因子分析法进行分析,获得几个不太相关的因子,并将其纳入后续回归模型进行检验。

因子分析前对数据进行适合性检验,结果表明,其 KMO 值为 0.622,Bartlett 球体检验结果显著($p = 0.000$),说明本调研的数据是适合进行因子分析的。然后,采用主成分分析法对网络强度的各个变量进行因子分析,并选择方差最大正交旋转法进行因子旋转,得到如表 10-2 所示的反映各个因子和各变量相关程度的因子载荷系数。我们对因子载荷系数较大的自变量进行了归类,提取了三个公因子,分别将它们命名为亲密信任因子、普遍互惠因子和交往频率因子。结果表明,这三个公因子的累计方差贡献率达到 65.052%,这三个公因子基本上能够替代原来测量网络强度的 10 个变量。

表 10-2　经方差最大正交旋转后的因子载荷矩阵

网络强度指标	公共因子		
	1	2	3
亲戚间一年走动频率	0.024	0.139	0.86
朋友间一年走动频率	0.213	0.166	0.811
对亲戚的信任程度	0.669	−0.092	0.404
对朋友的信任程度	0.775	−0.002	0.267
对其他熟人的信任程度	0.123	0.665	0.14
对不认识的人的信任程度	−0.093	0.684	−0.156
对亲戚的亲密程度	0.712	0.316	0.03
对朋友的亲密程度	0.783	0.223	−0.115
农忙时帮助亲朋	0.267	0.751	0.244
农忙时获得亲朋帮助	0.226	0.781	0.329

注：提取方法为主成分分析法，旋转方法为方差最大正交旋转法。

10.3.3　模型构建

本研究所考察的是农民的创业融资问题，即农民的创业初始资金借贷情况，即获得过贷款和没有获得过贷款。本文采用二元 Logistic 回归模型，将因变量的取值限制在[0,1]范围内，并采用最大似然估计法对其回归参数进行估计。

模型中社会资本影响农民创业融资的各个因素的具体变量和统计数据由表 10-3 给出。

表 10-3　实证模型中社会资本变量的解释和均值

变量名称	变量定义	均值
联系密切亲属数量	1＝5 人及以下，2＝6～10 人，3＝11～20 人，4＝21～30 人，5＝30 人以上	2.36

变量名称	变量定义	均值
联系密切朋友数量	1＝5人及以下,2＝6～10人,3＝11～20人, 4＝21～30人,5＝30人及以上	2.48
亲朋最高行政级别	1＝科级以下,2＝科级,3＝县(处)级,4＝地(厅)级, 5＝省(部)级以上	1.41
亲朋富有人数	1＝非常少,2＝比较少,3＝有点多,4＝比较多, 5＝非常多	2.05
亲朋金融职员数量	1＝0个,2＝1个,3＝2个,4＝3个,5＝4个及以上	1.54
网顶	6～95分(亲朋中最高职业声望)	78.86
网差	0～20(亲朋中职业类别数量)	6.05
亲密信任因子	(参照上一节因子分析中各公因子得分情况)	
交往频率因子		
普遍互惠因子		
农民创业融资从非正规金融(正规金融)信贷获得情况	1＝获得过信贷,2＝没有获得过信贷	0.61(0.3)

10.4　数据分析与结果

10.4.1　非正规金融信贷可得性的模型结果

本文运用SPSS 16.0统计软件对非正规金融信贷可得性的样本数据进行了Logistic回归处理。在处理过程中,采用了Backward LR,即基于最大似然估计的向后逐步回归法。我们首先将所有变量引入回归方程,然后对回归系数进行显著性检验,在一个或多个 t 检验值不显著的变量中,将 t 值最小的那个变量剔除,再重新拟合回归方程,并进行各种检验,直到方程中变量回归系数显著为止。这样一来,共得到8种计量估计结果。由于篇幅所限,本文选择了Step 1和最终结果Step 8两个模型,具体见表10-4。

表 10-4　社会资本对农民创业非正规金融信贷的 Logistic 模型回归结果

解释变量	模型一			模型八		
	系数(B)	Wald 值	Exp(B)	系数(B)	Wald 值	Exp(B)
常数项	−0.755	0.412	0.470	−1.614	6.593	1.783
联系密切亲属数量	0.067	0.060	1.069			
联系密切朋友数量	0.540**	3.898	1.717	0.578**	6.095	1.132
亲朋最高行政级别	−0.148	0.220	0.862			
亲朋富有人数	0.085	0.110	1.089			
亲朋金融职员数量	0.205	0.523	1.228			
网顶	−0.018	1.688	0.982			
网差	0.166**	4.010	1.181	0.124*	3.332	1.540
亲密信任因子	0.467**	4.647	1.595	0.432**	4.327	0.199
普遍互惠因子	0.089	0.196	1.093			
交往频率因子	−0.120	0.338	0.887			
预测准确率(%)	76.200			72.300		
−2 Log Likelihood	149.390			152.635		
Nagelkerke R^2	0.228			0.199		

注:*、**、***分别表示在10%、5%和1%水平上统计显著。

根据上述回归模型的结果,本文可以得出以下结论:

第一,联系密切朋友数量对农民在创业中能否获得非正规金融信贷影响较大。从模型结果来看,联系密切朋友数量的统计检验在5%水平上显著,估计系数值为正且 Wald 值较大。这个结果表明,在其他条件不变的情况下,创业农民密切联系的朋友数量越多,获得非正规金融信贷的可能性就越大。

第二,网差对农民创业能否获得非正规金融信贷具有一定的影响。从模型结果来看,网差变量的统计检验在10%水平上显著,估计系数为正。这个结果表明,在其他条件不变的情况下,当创业农民社会网络的差异性比较大时,获得非正规金融信贷的可能性越大。

第三,亲密信任因子对农民创业能否获得非正规金融信贷有较大影响。从模型结果来看,亲密信任因子的统计检验在5％水平上显著,估计系数为正。这个结果表明,在其他条件不变的情况下,创业农民与其亲戚朋友之间的亲密程度、信任程度越高,获得非正规金融信贷的可能性就越大。

10.4.2　正规金融信贷可得性的模型结果

我们采用与非正规金融信贷可得性同样的方法对正规金融信贷可得性数据进行二元 Logistic 回归分析,共得到 8 种计量估计结果。由于篇幅所限,本文选择了 Step 1 和最终结果 Step 8 两个模型,具体见表 10-5。

表 10-5　社会资本对农民创业正规金融信贷的 Logistic 模型回归结果

解释变量	模型一			模型八		
	系数(B)	Wald 值	Exp(B)	系数(B)	Wald 值	Exp(B)
常数项	−3.161	5.730	0.042	−3.471	21.423	0.031
联系密切亲属数量	−0.150	0.235	0.861			
联系密切朋友数量	0.598**	4.147	1.818	0.468**	3.864	1.597
亲朋最高行政级别	0.281	0.682	1.324			
亲朋富有人数	0.299	1.290	1.348			
亲朋金融职员数量	0.744***	6.665	2.105	0.838***	10.515	2.311
网顶	−0.016	0.923	0.984			
网差	0.010	0.016	1.010			
亲密信任因子	0.650***	7.237	1.915	0.604***	6.946	1.830
普遍互惠因子	−0.182	0.697	0.833			
交往频率因子	0.171	0.557	1.187			
预测准确率(%)	73.100			72.300		
−2 Log Likelihood	129.436			133.281		
Nagelkerke R^2	0.287			0.253		

注:*、**、*** 分别表示在10％、5％和1％水平上统计显著。

根据上述回归模型的结果,本文可以得出以下结论:

第一,联系密切朋友数量对农民创业能否获得正规金融信贷具有一定影响。从模型结果来看,联系密切朋友数量的统计检验在5%水平上显著,估计系数值为正。这个结果表明,在其他条件不变的情况下,创业农民密切联系的朋友数量越多,获得正规金融信贷的可能性就越大。

第二,亲朋中金融职员数量对农民创业能否获得正规金融信贷有较大影响。从模型结果来看,亲朋中金融职员数量的统计检验在1%水平上显著,估计系数为正。这个结果表明,在其他条件不变的情况下,创业农民社会网络中金融机构职员数量越多,获得正规金融信贷的可能性就越大。

第三,亲密信任因子对农民创业能否获得正规金融信贷有较大影响。从模型结果来看,亲密信任因子的统计检验在1%水平上显著,估计系数为正。这个结果表明,在其他条件不变的情况下,创业农民与其亲戚朋友之间的亲密程度、信任程度越高,获得非正规金融信贷的可能性就越大。

10.5　结论与启示

本文通过研究证实了社会资本是影响农民创业融资的重要因素,并分别从网络规模、网络资源、网络强度三个维度考察了对农民创业非正规金融融资与正规金融融资的影响程度。根据研究结果可知,社会资本中的密切联系朋友数量、网差、亲密信任程度对农民创业获得非正规信贷有显著正向影响;密切联系朋友数量、亲朋中金融机构职员数量、亲密信任程度对农民创业获得正规信贷有显著正向影响。

基于以上研究结论,本文得出以下几点促进农民创业融资的启示:

首先,创业农民要注重自身社会资本的构建和利用。在创业过程中,要善于利用自身的社会资本,以提高创业融资的信贷可得性。同时,创业农民需要增加自身社交活动,扩大自身网络规模,增加网络异质性,提高网络质量,在农村的熟人社会圈子外构建更广泛的人际关系,进而扩展创业融资渠道。

其次,政府要积极构建平台,促进创业农民社会资本的构建和提升。通过构建完善的农村交流网络体系,为当地农民提供一个良好且广阔的平台,让他们能够充分融入农村社区,加强人际交流并构建信任关系体系。

再者,金融机构要积极整合社会资本,促进农村正规金融发展。通过整合创业农民已有的社会网络成员之间的社会资本,降低创业农民与金融机构之间的信息不对称程度和交易成本,促进农村正规金融发展,最终解决创业农民贷款难问题。

（钟王黎　郭红东）

11 先验知识与农民创业绩效

11.1 引 言

农民持续增收困难、农村经济社会发展滞后是中国面临的突出问题。针对这一问题,政府陆续出台了一系列促进农民创业就业的政策,在全国范围内,萌生创业想法的农民越来越多,许多农民走上了自主创业之路。现今,农民创业群体虽在不断扩大,但农民创业成功率并不高。到底哪些因素影响了农民创业绩效? 这是一个非常值得研究的问题。

创业绩效反映的是创业者从事某种创业活动所产生的成绩和成果,是判断创业活动是否成功的标准。创业绩效是创业研究中的核心问题(石书德等,2011),研究者们已经从不同视角探索了影响创业绩效的因素,比如外部环境、创业者特征、战略选择、组织结构、资源整合能力、先验知识、社会资本等(蔡莉等,2007;高向飞、王相敏,2009;陈寒松、朱晓红,2012;安宁、王宏起,2011;薛红志,2011;杜建华等,2009),并取得了较多的研究成果。其中,由于先验知识作为创业者的特有素质,是影响创业绩效的重要初始条件,对先验知识的研究引人关注(薛红志等,2009;田莉、薛红志,2009;杨俊等,2011;安宁、王宏起,2011)。

近期国内学者对农民创业的研究主要集中在以下三个方面:一是关于农民创业研究进展情况的分析和评述(金迪,2011);二是基于区域层面对农民创业现状、创业行为、创业意愿、创业动机以及创业者特征等进行的实证分析(罗明忠等,2012;汪浩、吴连翠,2011;钟王黎、郭红东,2010);三是关于农民创业培训、创业能力、创业环境、创业融资、创业机会识别以及创业绩效等方面的专门研究(戴杰帆,2011;周菁华、谢洲,2012;郭红东、丁高洁,2012)。研究发现,农民创业绩效是一个多方面因素综合作用所形成的结果,会受社会资本、家庭创业环境、创业活动、创业能力等因素的影响(黄洁等,2010;周菁华、谢洲,2012),但却鲜有文献就先验知识对农民创业绩效影响进行考察。在农民创业的已有研究中,有不少已涉及先验知识。汪三贵等(2009)、韦吉飞等(2008)的研究显示,打工经历、培训经历以及受教育程度等都会不同程度地正向影响农民创业行为。这些研究只是将先验知识中的一部分内容包含在人力资本、个人素质因素内,并没有比较全面、深入地考察先验知识,也没有具体分析其对创业绩效可能产生的影响。因此,本文将在系统探究农民创业者的先验知识具体包括哪些方面内容的基础上,进一步考察这些不同类型的先验知识可能会对农民创业绩效产生的影响。只有挖掘不同类型的先验知识对农民创业绩效的不同影响,才能有针对性地采取相应措施增加农民先验知识的存量,促进农民创业获得更大成功。

本文接下来的内容安排如下:首先,基于已有文献的研究结论提出本文的研究假设;其次,对本研究的数据来源和变量测量进行说明;接着,运用调查数据进行统计分析并得出相应结果;最后,对研究所得出的结论进行讨论,并给出相关政策含义。

11.2 理论与研究假设

先验知识,是指创业者在过去的学习、工作等经历中所积累或形成的内在知识、技能与经验。对于农民创业者来说,文化基础普遍薄弱,知识的积累更重要的是来自于实践经历中的经验教训,所以本文所指的先验知识主要是农民在正规教育以外的学习、工作等经历中所积累或形成的知识,这些知识是农民创业知识和能力的主要来源。参考安宁和王宏起(2011)、张玉利和王晓文(2011)等学者的研究成果,他们将创业者的先验知识分为行业经验、创业经验和职能经验三大类。这些研究并没有将创业者创业前是否参加过培训列入考察范围内,这可能是因为研究对象的受教育水平普遍较高,具有比较全面的知识体系,一般培训所起作用不大。但创业前的培训为农民创业者积累创业知识和能力开辟了新途径,培训对农民创业有重要影响(韦吉飞等,2008)。综合以上分析,可以将创业农民的先验知识归纳为行业经验、职能经验、创业经验和培训经历四块内容进行全面考察。

创业者的先验知识与创业绩效之间的关系一直是学者们竞相关注的焦点,该主题下的研究成果较为丰富,但是对先验知识的关注点并不完全一样,学者们在不同的研究情境下,从不同角度考察先验知识,发现会产生不同的效应。West 和 Noel(2009)指出,一家新企业的绩效依赖于该创业者所采取的战略,而能否采取最合适的战略在很大程度上取决于创业者的先前工作经验是否给予创业者这样的视野。研究表明,如果创业者有与新企业的产品、服务或整体的发展战略相关的先前经验,那么将会显著提升其创业的绩效水平。Chatterji(2009)的研究表明,对于高科技产业来说,如果创业者是在原有企业的工作基础上创办相关的新企业,在企业战略和市场方向上,会比那些在这个行业没有相关经验的其他创业者有更好的把握,从而获得更好的创业绩效。薛红志等(2009)考察了创业者先前工作经验与新企业绩效之间的关系,指出由于新企业初期阶段所需的能力同大企业存在显著差异,不同职能类型的工作经验对初期绩效有不同的影响,创业者工作经验的职能多样性有利于新企业绩效,但该研究也显示,工作经验与新企业所处行业的匹配性对创业绩效并无显著影响。田莉和薛红志(2009)从初始创业团队的视角出发,研究得出创业团队的先前工作经验与创业经历越多,新企业的初期绩效越好,因为这些先验知识可以为创业者识别和评价机会、整合资源、组建新企业提供相关信息。

已有文献的研究结论虽然不完全一致,但都揭示了创业者的先验知识对创业绩效有着至关重要的影响。另外,上述文献的研究对象大都是高科技产业或者是新技术型企业的创业者,普遍有着较高的受教育水平。对于这些群体先验知识尚有如此重要的影响,那么,对于那些文化知识的积累主要来源于先前经历的农民创业者来说,就更加有着不可忽视的作用。由此,本文提出

假设1:农民所具有的不同职能领域上的先验知识对创业绩效有着不同的影响。

假设2:有创业经验的农民比没有创业经验的农民能够获得更好的创业绩效。

假设3:有培训经历的农民比没有培训经历的农民能够获得更好的创业绩效。

假设4:农民具有的先验知识中的行业经验越丰富,对创业绩效越有正向影响。

11.3 数据来源与变量测量

11.3.1 数据来源

结合我们的研究内容和研究目的,本文选择创业活动是在农业领域或非农业领域内进行的、属于自我雇佣且拥有农村户籍的创业者作为研究对象。本文研究主要以问卷调查的方式搜集数据。

课题组委托浙江大学在校大学生进行调查,调查者由农业经济管理专业的部分研究生和浙江大学"三农"协会中来自农村的学生组成。从22个省(区、市)抽取100名学生为调查成员,每位学生在其老家随机抽取6位满足条件的创业农民进行调查,调查时间为2012年1—3月。考虑到本调查具有一定的专业性和难度,为了保证最后所获得的数据的有效性,在2012年1月初课题组组织所有参与本次调查的人员进行了一次相关的培训活动。本次调查共发放问卷600份,回收问卷512份,得到有

效问卷 445 份,问卷回收率与有效问卷回收率分别为 85.33% 和 74.17%。

从被调查创业农民的性别来看,男性农民创业者占 76.40%,女性农民创业者占 23.60%,也就是说,在现有情况下,男性比女性更倾向于选择创业。从被调查创业农民的年龄来看,农民创业者的平均年龄为36.46 岁,其中,创业农民的年龄主要分布在 30~39 岁及 40~49 这两个年龄段,分别占 36.18% 和 33.26%。从被调查创业农民的受教育程度来看,平均为 9.63 年,这介于初中文化与高中文化水平之间,也就是说,创业农民的受教育水平大多集中在这一区间,整体水平不高。

11.3.2 变量测量

1. 先验知识

对于先验知识,张玉利和王晓文(2011)表明,行业经验、创业经验和职能经验在现有研究中被考察得较多且较深入,而且主要是指在创业过程中的作用格外突出的先验知识。本文借鉴张玉利和王晓文(2011)的测量项目,将可能对农民创业产生重要影响的培训经历考虑一起,从整体上测量创业农民的先验知识。

本文对行业经验的测量,是考察受访农民是否从创业前的工作中获得了相关行业的手艺或技能、产品知识、市场知识和客户知识,行业经验的丰富性指标值为上述四个变量取值的算术加总。对职能经验的测量,是考察受访农民是否在之前的工作中承担过管理工作、销售工作、技术工作和生产工作,得出农民是否拥有管理经验、销售经验、技术经验和生产经验。对创业经验和培训经历的测量,则是考察创业者在此次创业之前是否有过创业经历、是否参加过培训。各测量项目的测量均通过设置0—1 变量来考察,其中"是"赋值为 1,"否"赋值为 0。

2. 创业绩效

很多学者把创业绩效分为主观绩效和客观绩效,客观绩效是指通过企业客观数据来衡量的指标,主观绩效是指通过企业的一些非会计目标来衡量的指标(杜建华等,2009)。绩效是一个多维度概念,在实际应用中对于适宜的绩效变量几乎没有形成统一观点(田莉、薛红志,2009),所以,学者们在实际研究过程中,往往根据研究的需要来选择具体测量项目。Dess 和 Elias(1998)同时用主客观评价方法来测量企业绩效,比较分析后得出,主观评价法和客观评价法一样,都可以有效反映客观绩效指标。由于本文主要研究农民创业活动,而农民创业规模参差不齐,大多为中小企业或者个体户。一方面,管理不规范,不一定有良好的财务记录,且通常也不愿意透露真实的财务信息;另一方面,农民创业活动涉及第一、第二和第三产业中的众多不同行业,各行业的成长性具有很大的差异性,财务数据不具有可比性。因此,本文采用主观评价法,通过考察农民创业者对自己所创事业的满意度来衡量其创业绩效,具体测量项目见表 11-1。各测量项目的测量均分为非常不同意(赋值为 1)、比较不同意(赋值为 2)、中立(赋值为 3)、比较同意(赋值为 4)、非常同意(赋值为 5)。

表 11-1 给出了对创业绩效指标的探索性因子分析。结果显示,该量表信度系数为 0.807,说明测量工具的内部一致性信度符合要求;KMO 样本充分性检验值为 0.746,说明样本数量是充分的;Bartlett 球形检验值为 648.804($p<0.01$),说明适合提取公共因子。

表 11-1 创业绩效的探索性因子分析

测量项目	最小值	最大值	均值	因子载荷	信度系数
实现了当初创业前的设想目标	1	5	3.490	0.720	
生活水平比创业前有大的提高	1	5	3.850	0.841	0.807
社会地位比创业前有大的提高	1	5	3.666	0.750	
您对自己职业(创业者)的满意程度	1	5	3.793	0.881	
特征根值			2.565		
累计方差贡献率(%)			64.122		

注:公共因子提取方法为主成分方法。

3.控制变量

本文将创业者的性别、创业者的年龄、受教育水平以及创业项目创建年龄作为重要的控制变量纳入分析。

11.4　数据分析与结果

本文采用层级式的多元回归方法,这是因为,农民创业绩效是由因子得分构成的标准分来衡量的,是一个连续变量,可以采用一般线性模型来进行回归分析。为了检验前面所提出的假设,本文采用逐步加入控制变量、自变量的层级回归模型。在模型回归分析之前,对可能存在的多重共线性、异方差和序列相关问题进行了检验和调整。

表11-2、表11-3分别给出了模型变量的描述性统计结果和模型变量的相关系数矩阵。表11-3的相关矩阵显示,先验知识中的管理经验这一职能经验和行业经验的丰富性与创业绩效存在显著正相关关系,相关系数分别为 $0.107(p<0.05)$ 和 $0.104(p<0.05)$。而职能经验中的其他经验、创业经验和培训经历的有无与创业绩效之间则不存在显著相关关系。

表 11-2　模型变量的统计性描述结果

	变量名	最小值	最大值	均值	标准差
因变量	创业绩效	−3.88	1.84	0.00	1.000
控制变量	性别	0	1	0.76	0.425
	年龄	17	61	36.46	8.932
	受教育程度	0	21	9.63	2.955
	项目创建年龄	1	24	6.05	3.488
自变量	管理经验	0	1	0.44	0.497
	销售经验	0	1	0.45	0.498
	技术经验	0	1	0.48	0.500
	生产经验	0	1	0.59	0.492
	创业经验	0	1	0.31	0.463
	培训经历	0	1	0.33	0.470
	行业经验丰富性	0	4	2.62	1.418

表11-3　模型变量的相关系数矩阵

变量	1	2	3	4	5	6	7	8	9	10	11	12
创业绩效	1											
性别	0.071	1										
年龄	-0.012	0.073	1									
受教育程度	0.060	0.062	-0.367**	1								
项目创建年限	0.013	0.041	0.462**	-0.347**	1							
管理经验	0.107*	0.007	0.080	0.054	0.044	1						
销售经验	0.038	-0.062	0.031	-0.076	0.112*	0.350**	1					
技术经验	0.013	0.155**	0.024	0.067	0.088	0.230**	0.085	1				
生产经验	-0.036	0.090	0.191**	-0.072	0.220**	0.120*	0.152**	0.359**	1			
创业经历	0.029	0.037	0.169**	-0.091	0.070	0.170**	0.164**	0.055	-0.044	1		
培训经历	0.051	0.035	-0.113*	0.145**	-0.047	0.079	-0.035	0.110*	0.041	0.160**	1	
行业经验丰富性	0.104*	0.161**	0.031	0.048	0.060	0.153**	0.134**	0.206**	0.150**	0.065	0.138**	1

注：** 表示在 10% 水平（双侧）上统计显著，* 表示在 5% 水平（双侧）上统计显著。

先验知识对农民创业绩效的回归结果如表 11-4 所示,模型 1、模型 2、模型 3、模型 4、模型 5 和模型 6 是逐步加入控制变量、各职能经验、创业经验、培训经历、职能经验的丰富性以及全变量的层级回归模型。可以根据模型回归的 R^2 以及调整后的 R^2 的变化,来判断模型的拟合优度的变化,它们的值变大,说明模型整体的拟合优度水平在不断提高。

表 11-4 先验知识对创业绩效的层级回归结果

自变量	因变量(创业绩效)					
	模型 1	模型 2	模型 3	模型 4	模型 5	模型 6
截距	−0.669*	−0.596*	−0.558	−0.715**	−0.689**	−0.562
性别	0.143	0.161	0.185*	0.138	0.143	0.169
年龄	0.002	0.000	0.000	0.003	−0.001	−0.003
受教育程度	0.030*	0.021	0.022	0.028	0.030	0.022
项目创建年限	0.031**	0.035**	0.034**	0.034**	0.031	0.031**
管理经验		0.239**				0.204*
销售经验		0.029				0.016
技术经验		−0.032				−0.019
生产经验		−0.099				−0.140
创业经验			0.098			0.063
培训经历				0.118		0.006
行业经验丰富性					0.063*	0.002*
R^2	0.019	0.034	0.023	0.022	0.032	0.047
调整后的 R^2	0.010	0.015	0.011	0.011	0.020	0.020

注:*、**、*** 分别表示在 10%、5% 和 1% 水平上统计显著。

模型 2 在只有控制变量的基础模型上加入了职能经验中的管理经验、销售经验、技术经验和生产经验。从表 11-4 的回归结果中可以看到,只有管理经验对创业绩效具有显著性影响($\beta = 0.239, p < 0.05$),其他 3 种职能经验都没有表现出统计上的显著性,因此假设 3 得到了支持,即农民在不同职能领域上的先验知识对创业绩效具有不同的影响。模型 3

显示,农民在创业之前是否拥有创业经验对其创业绩效没有显著性影响,假设 4 没有得到验证。根据对调查所得数据的分析,只有 28% 的人拥有过创业活动,而且其中只有 23.3% 的人曾经创业成功过,因此这里不能得出创业经历对农民创业绩效有显著性影响。模型 4 的结果显示,农民是否拥有培训经历对其创业绩效的回归系数并没有达到显著统计水平,因此假设 5 没有得到支持。这可能是因为本文所获得的农民创业者调查数据中只有 32.7% 的人参加过培训,而且培训时间比较少、培训内容单一。在模型 5 中,先验知识中行业经验的丰富性对农民创业初期绩效有显著的正向影响作用($\beta = 0.063, p < 0.1$),这个结果表明,如果农民在创业之前关于相关行业的知识越丰富,则越有助于其获得更好的初期绩效,假设 6 得到了验证。

11.5　结论与启示

本文对农民先验知识进行了较为深入地考察,并证实了其对农民创业绩效有重要影响。研究发现,先验知识中管理经验这一职能经验和行业经验的丰富性对农民创业绩效有显著性影响。农民拥有的行业经验越丰富,对创业所在行业越熟悉,就越能准确把握创业前进的方向,而有了正确的导向,创业初期绩效表现会更好;不同的职能经验对农民创业绩效有不同的影响,其中,有管理经验的农民创业者在识别问题、分析问题及解决问题上,可能会比没有管理的农民创业者具有相对较高的敏感性和系统的思维方式,从而能获得更好的初期绩效。

基于以上研究结论,本文提出以下两点关于农民创业活动开展和农民创业政策制定的启示。第一,由于管理经验这一职能经验对农民创业绩效具有非常显著的影响,建议具有创业意向的农民在创业之前可以有选择性地从事相关工作,如管理工作等。第二,对于农民创业者这个特殊群体,由于他们的受教育水平普遍较低,培训是他们获取较为系统知识的重要途径,但是本文的研究表明,现阶段农民所获得的培训不管是在时间上还是内容上都还很欠缺。因此,政府部门要规范相关企业在招收农民入职时的相关培训工作,为那些有创业意向的农民提供更为系统全面的知识培训。

(周惠珺　郭红东)

12 社会资本与农民创业绩效

12.1 引　言

在现时期的中国,返乡农民工创业大潮为农村发展带来了新气象。农民通过创办不同程度、不同规模的各类中小实体企业,促进了当地的经济发展。但在短时间内,这些小实体企业多半已经悄无声息,仅存的一些也步履维艰,面临倒闭的风险。

很多学者认为,导致这样的结果是由于农民群体自身的原因。创业能否成功很大程度上取决于有效利用社会资本的能力如何(Beckman,1999;Hansen et al.,1999),而相较于其他社会阶层的群体,农民拥有的各种资源相对不足,他们拥有的基本只是"先赋"(亲缘及地缘)部分,很少有机会和途径拓展新的社会资本。

但是,随着乡村社会的转型与发展,农民的社会资本范围不断扩大。在农民从事农业生产、在外打工以及创业过程中,逐渐积累了超越血缘的业缘资本(以职业或行业为纽带而结成的人际关系网络)、超越地缘的市场资本(为了生产交换而结成的人际关系网络)以及超越熟人的契约信任(基于契约来维持自己在生产交换中所结成的人际关系网络)(秦红增等,2009)。这些资本虽往往以弱关系的形式存在,但也大大扩展了农民创业时所能利用的社会资本存量。

一方面是农民不断丰富的社会资本存量,另一方面是依旧存在的创业低存活率现象,其间矛盾日益扩大。目前的问题是,农民拥有创业所需的资源,但是不知如何加以合理开发并进而带来创业的成功。创业绩效是衡量创业是否成功的标杆,以往研究试图挖掘人力资本、社会资本、人格心理、决策风格、市场环境等因素与创业绩效之间的关系,这其中,社会资本在塑造创业绩效中的角色和作用备受关注。因此,本文构建了"农民社会资本—创业绩效"之间的关系模型,旨在探索"为什么仅有少数创业者能创业成功并实现企业的快速成长,而大多数却不能"的深层次原因。

在国内,针对农民创业群体的研究并不多,已有的研究也未能考虑创业农民的实际条件及我国情境的独特性,研究成果对现象缺乏解释力。基于此,本文通过组织中国创业农民问卷调查,来研究创业者如何合理、适时地开发社会资本。同时,从个人绩效和组织绩效两个层面出发,来考察社会资本不同维度对创业者创业绩效不同层面影响程度的区别。文章结构安排如下:首先,从理论上梳理农民创业者社会资本与创业绩效之间的关系,并在此基础上提出待检验的研究假设;接着,通过对调查数据的统计分析来检验前面提出的假设;最后,提出本文的研究结论并给出相应的政策建议。

12.2 理论与研究假设

从管理学的角度来看,创业绩效是组织所期望的结果,是组织为实现其目标而展现在不同层面上的有效输出,包括个人绩效和组织绩效两个方面。以往的创业绩效一般指所创事业的组织绩效,对于农民创业群体而言,创业者个人绩效方面的衡量对研究更有意义。根据笔者的调查数据,有83.1%的农民将"提高自身生活水平"作为创业目标,因此,个人绩效是否有效达成是农民衡量其创业是否成功的标志。根据笔者的调查数据,有65.4%的农民选择以"个体户"作为新创事业的组织形式,这更加说明了创业者对其所创事业能否成功的重要性。因此,本文将农民创业绩效划分为创业者个人绩效和组织绩效,来分别考察社会资本对不同类型创业绩效的影响作用。

关于创业者社会资本与创业绩效的关系,国内外学者的研究相对较少,但其基本结论都支持社会资本对创业绩效有正向的影响作用(Tjosvold,1993;Peng et al.,2000)。研究主要集中于验证关系强度、网络规模、网络密度、网络成员异质性等个体网络结构特征与创业绩效之间的因果关系,在一定程度上阐述了由什么样的社会资本构成的创业者更可能收获更优越的新创企业绩效。

Hansen(1995)认为,网络规模、网络内部的相互联系程度以及成员间的互动频率都与组织成长呈显著正相关关系。Zhao 和 Aram(1995)发现,创业者对关系网络的利用范围(即所利用的联系人数量)、对关系网络的利用强度(即与联系人之间的沟通频率)与新创企业绩效之间存在着正向作用关系。Cummings 和 Cross(2003)从结构性网络特征和联系性网络特征验证了社会资本对个人绩效的影响。杨隽萍和陈洋(2006)认为,社会资本的三个维度(结构资本、关系资本和认知资本)对科技型创业企业的成长性有着正向影响,稠密且强联结的网络会给企业带来更大的成长性。

本文基于国内外相关研究,从社会资本的网络规模和网络强度两个角度出发,考察社会资本的利用范围和在此范围上网络的利用强度对个人绩效和组织绩效的不同影响。

12.2.1 网络规模与创业绩效

网络规模,是指创业者在其创业过程中可以利用的社会关系的多少,如亲朋好友的支持、在政府部门任职的朋友、客户和供应商、研发技术人员、信用社及银行资源,等等。

已有的相关文献指出,网络规模与创业绩效呈正相关关系(Zimmer,1987;Buet et al.,1992),网络规模预示着创业者能够从社会资本中获取创业所需资源的范围,而创业者拥有范围更大的网络规模将有利于新创企业的经营和运作。杨俊和张玉利(2008)指出,创业者的社会资本越多,对机会的认知水平越高,其产生的创意也就越有价值,初期绩效也就越高。

网络规模可分为强关系网络规模和弱关系网络规模,强关系网络规模大小取决于亲属和亲密朋友的数量,而弱关系网络规模则由熟人、老乡、生意伙伴和客户等组成。在创业初期,创业者为了迅速创建企业以取得竞争优势,往往借助于强关系网络,因为他们愿意提供较疏远关系不愿意提供的资源;同时,亲戚朋友会在其自身网络中传递有关新企业的信息,给新企业带来更为广泛的客户和供应商资源,从而经由开拓新创事业市场来提升创业绩效。此时,弱关系网络还未发挥作用,因为创业风险的存在,他们往往不愿意提供相应的支持。而对农民创业者来说,他们也缺乏足够的资源去开发弱关系网络规模。

根据笔者的调查数据,在创业初期,农民创业者的创业目标大多为"提高自身生活水平",他们关注的主要是个人绩效方面,如收入增长、地位提高、对身份转变的满意感等,还未将如何提升组织绩效纳入考量范畴。研究证实,基于信任和互惠的亲友关系网络对绩效具有显著正向影响(Peng,2000),强关系网络规模越大,创业者个人绩效越好。由此,本文提出

假设1:强关系网络规模与创业者个人绩效正相关。

假设2:弱关系网络规模与创业者个人绩效不存在显著的相关关系。

随着新创企业迈向成长期,规模和销售收入持续增长,此时创业者的目标也发生转移,由创建期主要关注个人绩效转向关注所创企业的长期和可持续发展(Lu et al.,2006)。此时,强关系网络由于网络定义严格,因而规模较小、多样性差,限制了网络的灵活性和适应性,不利于组织绩效的提升。因此,创业者必须构建新的能带来更多、范围更广资源的关系网络(Golden et al.,1993;Ostgaard et al.,1994),即与客户、生意伙伴、政府部门及竞争对手之间的弱关系网络。通过利用弱关系网络,能迅速弥补企业的不足,提升创新能力,进而促进组织绩效增长。由此,本文提出

假设3:弱关系网络规模与所创企业组织绩效正相关。

假设4:强关系网络规模与所创企业组织绩效之间不存在显著的相关关系。

12.2.2 网络强度与创业绩效

创业者拥有规模较大的网络成员,获得创业所需资源的机会就越多,但若成员间交往不紧密,则创业者与社会网络成员之间的信息交流程度和速度必然会受到影响,寻求支持时也将受到限制。因此,网络强度在创业外部资源获取成功与否上有着同样重要的作用。只有那些规模大且联系强度紧密的社会资本,才能发挥作用。

网络强度是指创业者与社会网络成员联系和交往的密切程度。利用关系强度更高的创业者往往能以更快的速度获取创业资源,显著改善新企业绩效。Bruderl 和 Preisendorfer(1998)指出,来自家庭和亲属的资金、信息和情感支持能够显著改善新企业绩效。因此,在创业过程中,创业者所利用的社会资本的强度越高,就越容易从社会网络中获取必要的资源和信息支持,从而提升新创企业的绩效。由此,本文提出

假设5:网络强度与创业者个人绩效呈正相关。

假设6:网络强度与所创企业组织绩效之间呈正相关。

12.3 数据来源、变量测量与模型构建

12.3.1 数据来源

本文选择农村创业农民为研究对象,以问卷调查的方式搜集数据。被访对象应符合以下条件,缺一不可:(1)属于农村户口;(2)属于自我雇佣;(3)其创业活动可以在农业领域或非农业领域内进行。

本文组织浙江大学在校大学生进行调查,调查者由农业经济管理专业研究生和浙江大学"三农"协会的学生组成;随机抽取22个省(区、市)100名学生为调查成员,调查时间为2012年1—3月,每位学生在其家乡

随机抽取 6 位创业农民进行调查;考虑到部分农民文化程度较低,统一采取由调查者根据被访者回答代为填写问卷的形式。本次调查共发放问卷 600 份,回收问卷 512 份,得到有效问卷 445 份,问卷回收率与有效问卷回收率分别为 85.33% 和 74.17%。样本的基本特征分布情况见表 12-1。

表 12-1 样本的特征分布状况

特征	分类指标	频数	有效比例(%)
性别	男	337	76.4
	女	104	23.6
婚姻状况	已婚	388	88.2
	未婚	49	11.1
教育程度	小学及以下	52	11.7
	初中	216	48.8
	高中	121	27.3
	中专	16	3.6
	大学及以上	38	8.6
年龄分组	30 岁及以下	134	30.1
	30~39 岁	132	29.7
	40~49 岁	148	33.3
	50 岁及以上	31	7.0
组织形式	个体户	289	65.4
	与人合伙	76	17.2
	独资企业	47	3.0
	股份合作企业	24	5.4
	合作社	4	9.0

12.3.2 变量与测量

1.因变量:创业绩效的测量

对于农民创业来说,所创企业一般规模较小,组织制度管理不规范,财务测量不科学,且不同企业间的行业类型和规模相差很大,造成对其客观财务绩效的测量往往相当困难。于是,一些学者开始尝试直接利用创业者的主观评价来判断创业绩效(Covin et al.,1994)。Wall、Michie 和 Patterson (2004)通过不同主观和客观绩效指标之间的比较,得出主观与客观评价方法对创业绩效最终判断并无显著影响的结论。因此,本文考虑将个人对所创企业主观评价、初始创业目标达成度、职业满意度等创业者主观判断指数纳入创业绩效的考量范畴(Cooper et al.,1995)。

　　本文通过 9 个相关问题对农民的创业绩效进行调查以采集数据。由于测量创业绩效的 9 个变量之间存在一定的相关性,本文拟采用因子分析法对此进行分析,从而获得几个不太相关的因子,并将其纳入后续回归模型进行检验。

　　表 12-2 采取主成分分析法提取公共因子。结果显示,KMO 样本充分性检验值为 0.859,说明样本数量是充分的;Bartlett 球形检验值为 2296.366($p<0.01$),说明各项目是相互关联的,适合提取公共因子。因子分析中,以特征值大于 1 的方法来决定主成分的取舍,共提取了 2 个公共因子,因子负载截取点为 0.5。方差分析表中的累计方差贡献率达到 67.859%,说明能够解释所有变量 67.859% 的方差。因此,这 2 个因子对于原有变量的总方差贡献较大,说明原来变量信息的百分比较为合适。第一公因子测量量表信度系数为 0.888,第二公因子测量量表信度系数为 0.754,表明测量工具的内部一致性信度均符合要求。

表 12-2　经方差最大正交旋转后的因子载荷矩阵

测量项目	成分		信度系数
	1	2	
生活水平比创业前有大的提高	0.872	0.135	
家庭收入比创业前有大的提高	0.861	0.241	
社会地位比创业前有大的提高	0.846	0.076	0.888
个人收入比创业前有大的提高	0.812	0.274	
您对自己职业(创业者)的满意程度	0.607	0.217	
实现了当初创业前的设想目标	0.607	0.376	

续表

测量项目	成分		信度系数
	1	2	
所创企业没有碰到财务困境	0.022	0.826	
所创企业整体运营情况良好	0.281	0.815	0.754
所创企业盈利状况良好	0.424	0.738	
特征根值		1.317	
累计方差贡献率(%)		67.859	

注:提取方法为主成分分析法,旋转方法为方差最大正交旋转法。

通过观察旋转后的因子载荷矩阵,可以得出第一公因子有6个变量,反映的是创业者个人绩效方面的情况,我们将这个公因子命名为个人绩效。第二公因子有3个变量,反映的是所创企业绩效方面的情况,我们将这个公因子命名为组织绩效。

2.自变量:网络规模的测量

网络规模测度借鉴了边燕杰、李煜(2000)的"春节拜年网",共设置3个题项:(1)春节期间,联系密切的亲戚总共有多少人?(2)春节期间,联系的亲密朋友总共有多少人?(3)春节期间,联系的其他人有多少人?每个题项设置5个选项,采用利克特5点量表进行评分,1=5人及以下,2=6~10人,3=11~20人,4=21~30人,5=30人以上。将第(1)、(2)题项的评分加总以表征强关系网络规模大小趋势,第(3)题项的评分表征弱关系网络规模大小趋势。

3.自变量:网络强度的测量

对网络强度的测量相当不容易。Granoveter(1973)指出,可从互动时间、情感强度、亲密度与互惠服务四个维度进行测量。Marsden和Campbell(1984)则提出,由于网络中的个体因彼此交换资源而形成联系,所以联系强度可从交换资源的数目和类型、交换频率及彼此间交换的私密性等角度来测量。

本文从创业者的家人、亲戚和朋友入手来测量其网络强度,分别测量创业者与他们之间的联系频繁程度、相互信任程度以及从他们处所能得到的支持程度。我们共设置了 6 个题项,用利克特 5 点量表来度量这些指标,1 表示"非常不同意",5 表示"非常同意",得分越高表示网络强度越强。

表 12-3 是对网络强度的探索性因子分析。结果显示,测量量表信度系数为 0.881,说明该测量工具的内部一致性信度符合要求;KMO 样本充分性检验值为 0.805,说明样本数量是充分的;Bartlett 球形检验值为 1566.067(p<0.01),说明各项目是相互关联的,适合提取公共因子。

表 12-3   网络强度的探索性因子分析

测量项目	最小值	最大值	均值	因子载荷	信度系数
我拥有很多来往频繁的家人和亲戚	1	5	3.950	0.736	
我拥有很多来往频繁的朋友	1	5	3.970	0.767	
我和绝大部分家人、亲戚互相信任	1	5	4.210	0.858	
我和绝大部分朋友互相信任	1	5	4.120	0.811	0.881
我可以得到很多家人和亲戚的支持	1	5	4.210	0.824	
我可以得到很多朋友的支持	1	5	4.110	0.790	
特征根值			3.828		
累计方差贡献率(%)			63.802		

注:公共因子提取方法为主成分方法。

4. 控制变量

本文也选取了一定的控制变量,这些控制变量都可能给创业绩效带来不同程度的影响。控制变量主要从两个维度进行研究,即创业者层面和所创企业层面。在创业者层面,我们设计了 2 个控制变量,即创业者年龄和创业者教育程度。在所创企业层面,也设计了 2 个控制变量,即创业年限和创业规模,并用员工人数的对数来反映创业规模。

12.3.3   模型构建

本文的数据分析方法是层级式的多元回归方法。基本公式为

$$y_1 = \beta_0 + \beta_1 x_1 + \beta_2 x_2 + \beta_3 x_3 + \beta_4 x_4$$
$$+ \beta_5 x_5 + \beta_6 x_6 + \beta_7 x_7 + \varepsilon_1 \tag{1}$$

$$y_2 = B_0 + B_1 x_1 + B_2 x_2 + B_3 x_3 + B_4 x_4$$
$$+ B_5 x_5 + B_6 x_6 + B_7 x_7 + \varepsilon_2 \tag{2}$$

上式中, y_1 表示因变量个人绩效, y_2 表示因变量组织绩效; β_0、B_0 为常数项; β_j、$B_j (j = 1, 2, \cdots, 7)$ 为变量系数; x_1、x_2、x_3 和 x_4 分别表示控制变量农民年龄、农民教育程度、创业年限和创业规模; x_5 和 x_6 分别表示强关系网络规模和弱关系网络规模; x_7 表示网络强度; ε 表示随机干扰项。

模型中各个变量的描述性统计由表 12-4 给出。

表 12-4　变量的描述性分析统计结果

	变量名	极小值	极大值	均值	标准差
因变量	个人绩效	−3.51	2.57	0.00	1.000
	组织绩效	−3.62	2.54	0.00	1.000
控制变量	年龄	1	4	2.17	0.941
	教育程度	1	5	2.49	1.036
	创业年限	1	24	6.05	3.491
	创业规模	0.00	6.68	1.73	1.239
自变量	强关系网络规模	2	10	6.34	2.140
	弱关系网络规模	1	5	3.07	1.485
	网络强度	−4.85	1.47	0.00	1.000

12.4　数据分析与结果

本文运用 SPSS 18.0 软件进行数据分析。因变量创业绩效是一个连续变量,可以采用一般线性模型来进行回归分析。表 12-5 给出了主要研究变量的相关系数矩阵。根据相关系数矩阵不难发现,强关系网络规模、弱关系网络规模、网络强度与个人绩效之间都存在显著的相关关系,相关系数分别为 0.206(p<0.01)、0.116(p<0.05)和 0.227(p<0.01);弱关系网络规模、网络强度与组织绩效之间存在显著的相关关系,相关系数分别为 0.158(p<0.01)和 0.232(p<0.01)。

表 12-5 模型变量的相关系数矩阵

变量	1	2	3	4	5	6	7	8	9
个人绩效	1								
组织绩效	0.000	1							
年龄	−0.069	0.087	1						
教育程度	0.007	0.016	−0.377**	1					
创业年限	0.133**	−0.107*	0.029	−0.240**	1				
创业规模	0.206**	0.018	0.076	0.068	0.124*	1			
强关系网络规模	0.206**	0.050	−0.030	0.009	0.040	0.194**	1		
弱关系网络规模	0.116*	0.158**	−0.069	0.053	0.013	0.149**	0.405**	1	
网络强度	0.227**	0.232**	−0.015	−0.065	−0.075	0.080	0.119*	0.131**	1

注:** 表示在 0.01 水平(双侧)上统计显著;* 表示在 0.05 水平(双侧)上统计显著。

表 12-6 网络规模、网络强度及其他变量对个人绩效、组织绩效的层级回归结果

自变量	个人绩效		组织绩效	
	模型 1	模型 2	模型 3	模型 4
(常量)	−0.120	−0.663**	−0.041	−0.416
年龄	−0.085	−0.072	0.079	0.091
教育程度	−0.059	−0.037	0.019	0.049
创业年限	0.035**	0.037***	−0.034**	−0.030**
创业规模	0.154***	0.114***	0.013	−0.012
强关系网络规模		0.082***		−0.012
弱关系网络规模		−0.006		0.113***
网络强度		0.180***		0.221***
R^2	0.064	0.131	0.021	0.100
F 值	6.491***	7.979***	2.018*	5.858***
df	4	7	4	7

注:*、**、*** 分别表示在 10%、5%和 1%水平上统计显著。

表 12-6 给出了数据回归分析结果,模型 1 和模型 2 是控制变量、控制变量和自变量对个人绩效的回归模型;模型 3 和模型 4 是控制变量、控制变量和自变量对组织绩效的回归模型。由表 12-6 中模型 2 的回归结果可知,强关系网络规模对个人绩效有显著的正向预测作用($\beta = 0.082$, $p < 0.01$),因此假设 1 得到了验证;而弱关系网络规模对个人绩效的回归系数并没有达到显著统计水平,因此假设 2 得到了验证;模型中网络强度对个人绩效有显著的正向预测作用($\beta = 0.180, p < 0.01$),因此假设 5 得到了验证。由模型 4 的回归结果可知,弱关系网络规模对组织绩效有显著的正向预测作用($\beta = 0.113, p < 0.01$),因此假设 3 得到了验证;而强关系网络规模对组织绩效的回归系数并没有达到显著统计水平,因此假设 4 得到了验证;模型中网络强度对组织绩效有显著的正向预测作用($\beta = 0.221, p < 0.01$),因此假设 6 得到了验证。

12.5　结论与启示

本文通过研究证实了社会资本是影响农民创业绩效的重要因素。我们将农民创业绩效创新性地划分为个人绩效和组织绩效,农民创业者在创业初期多考虑以提高收入、社会地位和满意度为主的个人绩效,而在所创企业进入正轨时,则将关注点从个人绩效转向所创企业的长期和可持续发展,即所创企业的组织绩效。本文通过社会资本网络规模、网络强度两个维度,分别考察了它们对不同类型创业绩效影响的区别程度。

根据研究结果可以得出:强关系网络规模对创业者个人绩效具有正向的显著性影响,创业者拥有的亲友、朋友资源越多,其个人绩效表现越突出;而弱关系网络规模则对所创企业的组织绩效具有正向的显著性影响,创业者的商业规模和熟人规模越大,对组织绩效产生的作用越大。网络强度对创业者个人绩效和所创企业组织绩效均具有正向的显著性影响,创业者与网络成员间的联系越频繁、彼此之间越相互信任和支持,便能以越快的速度获取创业资源,显著改善创业绩效。

基于以上结论,本文得出以下两点促进农民创业的启示:

首先,农民应对强关系网络规模和弱关系网络规模进行合理开发和利用。在创业初期,创业者要善于利用社会资本中的家人、亲戚和朋友等强关系网络资源,以提高创业者个人绩效。随着所创企业的不断发展,要想取得可持续成功,创业者应有意识地抛弃强关系网络,转而进行弱关系网络规模的开发,以取得更好的组织绩效。

其次,拥有规模庞大的社会资本并不一定意味着就可以取得良好的创业绩效,网络关系间的强度同样会影响创业绩效。只有那些规模大且联系强度紧密的社会资本,才能发挥作用。因此,农民创业者应注重加强成员间的联系紧密度,平时多与他们沟通来往,相互间取得良好的信任,并得到他们的支持。

(丁高洁 郭红东)

13 关系网络、机会创新与 农民创业绩效

13.1 引　言

　　农民创业是指农民以个人、家庭、血缘关系为主形成的非正式组织，或者以专业合作社等新型组织为载体，通过投入一定的生产资本，依托农村资源，通过扩大原有生产规模或者从事新的生产活动，开创一项新的事业，以实现财富增加并谋求自身发展的过程。

　　在创业过程中，无论是资金还是技术，农民的积累都相对较少。如何有效利用已有的关系网络获取创业资源，已成为农民创业能否成功的关键。在以往关于创业的研究中，有关关系网络与创业绩效之间关系的结论尚不明朗。一些研究认为，关系网络能提升创业绩效；另一些研究却给出了相反的观点，即认为关系网络并不能提升创业绩效；还有一些研究则认为，关系网络对创业绩效的作用尚不明确。在国内，学术界对农民创业问题的关注近年来比较多地集中在农民创业意愿及其影响因素方面（朱明芬，2010；朱红根等，2010），但也有不少学者研究了社会资本对农民创业机会识别、创业资源获取和创业绩效的影响（黄洁等，2010；蒋剑勇、郭红东，2012；蒋剑勇等，2013；郭红东、周惠珺，2013）。但是，考虑到细分后的关系网络和创业机会的创新性对农民创业绩效影响的研究成果几乎没有。基于此，本文将关系网络划分为社会性关系网络和市场性关系网络，

通过构建"关系网络—创业绩效"之间作用关系的概念模型,以中国部分农村地区农民创业者为研究对象,研究在特定创业机会约束条件下,不同性质关系网络对农民创业绩效的影响程度。

本文的结构安排如下:首先,对农民创业者的关系网络与创业绩效之间的关系进行理论分析;接着,提出创业农民的关系网络特征、创业机会创新性与创业绩效之间作用关系的概念模型,并在此基础上提出待检验的研究假说;然后,通过对调查数据的计量分析来检验前面提出的假设;最后,总结本文的研究结论。

13.2 理论与研究假设

13.2.1 关系网络对农民创业绩效的影响

从已有的研究成果来看,关于创业者关系网络对其创业绩效作用的结论虽存在一些差异,但多数学者均支持关系网络对创业绩效的提高发挥主要作用的结论。Zhao 和 Aram(1995)的研究发现,创业者对关系网络的利用范围和利用强度与新创企业绩效之间存在正相关关系。Bruderl 和 Preisendorfer(1998)通过实证研究发现,来自关系网络的资金、信息和情感支持能够显著改善创业者的创业绩效,其中,由家庭成员、亲戚和朋友等组成的强关系网络比弱关系网络对创业绩效影响更大。Peng 和 Luo(2000)通过实证研究发现,创业者对关系网络的运用强度与其创业绩效之间存在正相关关系。杨俊和张玉利(2008)也发现,关系网络是异质性信息与资源的重要来源,创业者的社会资本水平不仅决定着其发现创业机会和实施创业活动的可能性,而且影响着其在创业过程中获取外部支持的水平,从而决定着创业绩效。

创业者的初始关系网络十分重要,通过利用关系网络中的亲朋好友资源,创业者能较快地为新企业带来资金、市场、信息等外部支持。但是,初始资源存量是极其有限的,特别是对于农民创业者来说,初始关系网络中的资源很快就会消耗殆尽,还不足以支撑其事业的长期发展。因此,创业者往往在从现有的关系网络中寻求帮助的同时,着手从外部构建新的商业网络关系(Burt,1992)。

以往的研究都默认创业者在不同创业阶段所拥有的关系网络构成是相同的,这一简单化的研究方法很难比较关系网络中异质性关系在不同情境下对创业者创业绩效的影响。随着创业进程的推进,创业者的关系网络构成会发生变化,因此,对创业者关系网络构成进行分类不乏意义。本文将关系网络划分为两大类:一为创业者在创业之前其关系网络中就拥有的初始关系网络,本文称之为社会性关系网络;二为创业者在市场交易过程中形成的关系网络,本文称之为市场性关系网络。通过分类,可以进一步研究不同性质的关系网络对创业者创业绩效的作用。

1. 社会性关系网络与创业绩效

本文所指的社会性关系网络是基于非商业化的社会合约而建立的关系,如血缘亲戚关系或朋友同学等熟人关系,这些关系是天生的或通过长期的交往过程形成的(李新春、刘莉,2009)。农民创业者在创业初期资源禀赋匮乏,为了克服信息不对称和不确定性造成的获取资源的种种障碍,他们通常会求助于社会性关系网络来获取创业所需的资源,以达到创业成功的目的。首先,社会性关系网络成员愿意提供那些较疏远的关系不愿意提供的资源(资金、人力资本等),可以使创业者以低于市场的价格获得这些资源,进而影响其创业绩效。其次,亲人、朋友和熟人会在其自身网络中传递有关新创企业的产品、客户等信息,给创业者提供更为广泛的客户资源和供应商资源,从而有利于创业者整合资源和开拓市场,最终取得更好的创业绩效。以往的研究证实,基于信任和互惠的亲友社会性关系网络对创业绩效具有显著的正向影响(Peng and Luo,2000)。由此,本文提出

假说1:农民创业者的社会性关系网络与创业绩效正相关。

2. 市场性关系网络与创业绩效

本文所指的市场性关系网络是基于单纯的商业交易原则,通过谈判

对双方的利益、责任和风险进行清晰界定,并通过长期的市场买卖关系而形成的相互之间的信任关系(李新春、刘莉,2009)。在农民创业前的准备工作中,他们所能利用的关系网络严重依赖于其个人预先存在的社会性关系网络。这种嵌入性关系,虽然在创业之初有助于创业者获得创业所需的资源,但具有空间局限性。此时,要想让新创企业具备可持续发展的动力,创业者必须构建新的能带来更多的、范围更广的资源的关系网络(Golden and Dollinger,1993;Ostgaard and Birley,1994),即与客户和生意伙伴之间的市场性关系网络。

随着创业年限的增长,新创企业会获得发展并积累起自身的声誉和能力,其合法性和信誉不断提升,市场性关系网络不断扩大,并在获取创业资源方面发挥更大的作用(Starr and MacMillan,1990)。此时,创业者构建的市场性关系网络将会有效促进创业绩效的提升。由此,本文提出

假说2:农民创业者的市场性关系网络与创业绩效正相关。

Ma和Huang(2008)认为,在集体主义文化中,关系网络中的弱关系不利于创业者识别创业机会和获得创业资源,而强关系则具有更大优势。由于中国农民具备集体主义文化精神,考虑到农民创业者的实际,由亲戚朋友组成的社会性关系网络在传递信息方面没有障碍,使用起来也更为便捷,因此,农民创业者将会更多、更频繁地使用社会性关系网络来获得创业机会和创业资源。对农民创业者而言,社会性关系网络较市场性关系网络对创业绩效产生了更为重要的影响。由此,本文提出

假说3:农民创业者的社会性关系网络比市场性关系网络对其创业绩效影响更大。

13.2.2 创业机会创新性在关系网络对农民创业绩效影响中的调节作用

Aldrich和Martinez(2001)认为,创业者并不都是创新者,大多数创业只是在简单复制,实施一种"稳定战略"(stability strategy),即将现有的产品或服务以与别人类似的经营方式提供给新客户,或进行简单的改造后提供给老客户。Sarasvathy等(2003)将机会识别活动分为三种类

型,即机会认出、机会发现和机会创造。他们认为,如果市场供给和市场需求都相当明确,那么把市场供给和市场需求连接起来的市场机会就只需被"认出";如果只有一方是明确的,例如,市场需求是明确的,但市场供给不明确,或者相反,那么在实施市场供给和市场需求匹配之前,不明确的一方首先被"发现";如果市场供给和市场需求都不明确,那么供需两方都不得不被"创造"出来。从机会认出到机会发现,再到机会创造,其对应的机会创新性是不断增强的。Shane 和 Venkataraman(2000)认为,创业机会的创新性决定着创业行为的最终价值创造潜力。也就是说,创新性高的创业机会,通过合适的资源整合和利用,将产生较高的创业绩效。

在特定创业机会约束条件下,创业者可以利用社会性关系网络和市场性关系网络来达到创业成功和促进新创企业成长的目的。创业者如何在这两种关系之间权衡,进行合理的时间和资源配置,将受到创业机会属性的影响。也就是说,创业机会创新性决定着创业者在关系网络中如何组合两种关系的利用强度,从而更加有助于提升创业绩效。其作用过程如图 13-1 所示。

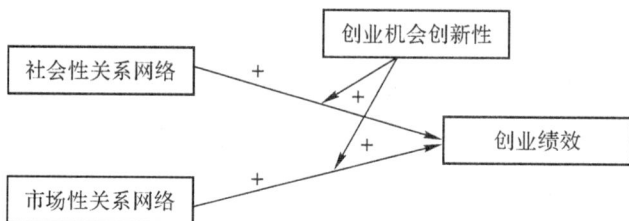

图 13-1　创业机会创新性在关系网络对农民创业绩效影响中的调节作用

创新性越高的创业机会,其前景的不确定性程度也越高(Sarasvathy et al.,2003),市场性关系网络成员往往怀着功利性目的,不愿意承担为创业者提供实质性帮助所衍生的风险,而只有那些出自对创业者深度信任和建立在情感基础之上的社会性关系网络成员,才可能提供实质性帮助。同时,创业机会的时效性与潜在竞争对手的存在,会迫使创业者尽快开发创业机会以创立新企业,获得先入优势。因此,创业者整合资源的速度越快,所花费的时间越少,就越有可能把握住创业机会并实现创业机会的价值,从而提高创业绩效。此时,创业者只有利用现存的社会性关系网络,才能迅速谋求到各方的支持,以便更好地开发市场和促成销售,从而实现创业机会的最终价值创造,并带来更高的创业绩效。

但是,创新性机会往往伴随着较大的风险,创业者在创业机会开发初期并不十分清楚做什么以及如何去做才能达到创业目的,而是需要在开发创业机会的过程中不断摸索和降低风险。因此,在开发创业机会时,创业者不会只局限于已有的社会性网络关系,而往往会通过积极建立新的关系(市场性网络关系)来收集相关信息,广泛寻求外部资源的支持,探寻开发创业机会的可行途径。由此,本文提出

假说4:创业机会创新性正向调节农民创业者的社会性网络关系与创业绩效的作用关系。

假说5:创业机会创新性正向调节农民创业者的市场性网络关系与创业绩效的作用关系。

13.3 数据来源、变量测量与模型构建

13.3.1 数据来源

本文选择农村农民创业者为研究对象,以问卷调查的方式搜集数据。样本农民应符合以下条件,缺一不可:①属于农村户口;②属于自己当老板;③其创业活动或在农业领域或在非农业领域进行。

本文研究课题组组织浙江大学在校大学生进行调查,调查员由农业经济管理专业研究生和浙江大学"三农"协会的部分学生组成。课题组随机抽取了22个省(区、市)的100名学生为调查员,调查时间为2012年1—3月,每位调查员在其家乡随机抽取6位农民创业者进行调查。考虑到部分样本农民文化程度较低,调查统一采取由调查员根据样本农民回答代为填写问卷的形式。本次调查共发放问卷600份,回收问卷512份,得到有效问卷445份,问卷回收率和有效问卷回收率分别为85.33%和

74.17%,样本的基本特征见表13-1。

表 13-1 样本的特征分布状况

特征	分类指标	频数	有效比例(%)
性别	男	340	76.40
	女	105	23.60
婚姻状况	已婚	395	88.76
	未婚	50	11.24
受教育程度	小学及以下	52	11.69
	初中	217	48.76
	高中	122	27.42
	大专	35	7.86
	大学及以上	19	4.27
年龄分组	30 岁及以下	105	23.59
	30~39 岁	161	36.18
	40~49 岁	148	33.26
	50 岁及以上	31	6.97
工商登记形式	个体户	289	64.94
	与人合伙	76	17.08
	独资企业	47	10.56
	股份合作企业	24	5.40
	合作社	9	2.02

13.3.2 变量测量

1. 因变量——创业绩效及其测量

如何测量创业绩效这个问题一直困扰着学术界,在创业绩效测量指标的选择方面还缺少成熟的理论(Brush and Chaganti,1992;Chandler and Jansen,1992)。从已有的文献来看,测量创业绩效的指标主要有三大类型:单一指标和多项指标、财务指标和非财务指标、主观指标和客观指标。许多文献采用主观指标与客观指标、财务指标与非财务指标相结合的方式来测量。但是,至于各种指标如何配对,并无一定的准则,基本上是不同的学者根据自己的研究需要来决定变量。目前,比较多的研究从创业企业成长(市场增长率等)、企业利润(净利润等)、企业规模(员工数量等)以及企业成功或失败(创业者的主观评价)等方面测量创业绩效(Covin and Slevin,1991;Murphy and Trailer,1996)。对于农民创业来说,其所创企业一般规模较小,财务制度不够完善,财务数据难以获得,且创业组织形式和创业行业相差太大,甚至有农业创业和非农业创业的差别。因此,测量农民所创企业的客观财务绩效往往相当困难。于是,一些学者开始尝试直接利用创业者的主观评价来判断其创业绩效(Covin et al.,1994)。农民创业者是其所创企业中的关键性人物,他们对创业绩效的主观评价应该能够很好地代表所创企业的总体状况。因此,本文参照Cooper 和 Artz(1995)的方法,用创业者对所创企业的主观评价和对创业目标达成度的主观评价来测量农民创业绩效。

本文用利克特 5 点量表来度量这些指标,其中,1 表示"非常不同意",5 表示"非常同意",得分越高,表示创业绩效越好。表 13-2 给出了对创业绩效指标的探索性因子分析结果。结果显示,测量量表的信度系数为 0.786,说明该测量工具的内部一致性信度符合要求;KMO 检验值为0.704,说明样本数量是充分的;Bartlett 球形检验值为 594.342($p<$0.01),说明各题项是相互关联的;KMO 和 Bartlett 两种检验结果说明数据适合提取公共因子。

表 13-2　创业绩效的探索性因子分析结果

测量题项	最小值	最大值	均值	因子载荷	信度系数
所创企业整体运营情况良好	1	5	3.690	0.776	
所创企业盈利状况很好	1	5	3.560	0.873	0.786
所创企业规模扩大很快	1	5	3.150	0.737	
实现了当初创业前的设想目标	1	5	3.490	0.749	
特征根值			2.468		
累计方差贡献率(%)			61.702		

注:公共因子提取方法为主成分分析方法。

2. 自变量——关系网络及其测量

对于关系网络,本文分别对社会性关系网络和市场性关系网络进行了测量。本文通过创业者对有关他们拥有来往频繁的亲友和他们之间相互信任、相互支持题项的同意程度来测量其社会性关系网络,共设置了6个题项,用利克特5点量表来度量,1表示"非常不同意",5表示"非常同意",得分越高,表示关系网络中社会性关系网络资源越丰富。

表13-3给出了对社会性关系网络的探索性因子分析结果。结果显示,测量量表的信度系数为0.881,说明该测量工具的内部一致性信度符合要求;KMO检验值为0.805,说明样本数量是充分的;Bartlett球形检验值为1566.067($p<0.01$),说明各题项是相互关联的;KMO和Bartlett两种检验结果说明数据适合提取公共因子。

表13-3　社会性关系网络的探索性因子分析结果

测量题项	最小值	最大值	均值	因子载荷	信度系数
我拥有很多来往频繁的家人和亲戚	1	5	3.950	0.736	
我拥有很多来往频繁的朋友	1	5	3.970	0.767	
我和绝大部分家人、亲戚互相信任	1	5	4.210	0.858	
我和绝大部分朋友互相信任	1	5	4.120	0.811	0.881
我可以得到很多家人和亲戚的支持	1	5	4.210	0.824	
我可以得到很多朋友的支持	1	5	4.110	0.790	
特征根值			3.828		
累计方差贡献率(%)			63.802		

注:公共因子提取方法为主成分分析方法。

本文从创业者对他们与客户和生意伙伴联系程度、通过客户和生意伙伴获取有价值的信息并建立同他人联系程度的主观判断,来测量其市场性关系网络。我们共设置了6个题项,用利克特5点量表来度量,1表示"非常不同意",5表示"非常同意",得分越高,表示关系网络中市场性关系网络资源越丰富。

　　表 13-4 给出了对市场性关系网络的探索性因子分析结果。结果显示,测量量表的信度系数为 0.900,说明该测量工具的内部一致性信度符合要求;KMO 检验值为 0.867,说明样本数量是充分的;Bartlett 球形检验值为 1542.222($p<0.01$),说明各题项是相互关联的;KMO 和 Bartlett 两种检验结果说明数据适合提取公共因子。

表 13-4　市场性关系网络的探索性因子分析结果

测量题项	最小值	最大值	均值	因子载荷	信度系数
我与潜在或者已有客户建立了密切的联系	1	5	3.950	0.789	
我能从潜在或者已有客户那里获取有价值的信息	1	5	3.970	0.820	
我能通过潜在或者已有客户同他人建立联系	1	5	4.210	0.855	0.900
我与潜在或者已有生意伙伴建立了密切的联系	1	5	4.120	0.813	
我能从潜在或者已有生意伙伴那里获取有价值的信息	1	5	4.210	0.815	
我能通过潜在或者已有生意伙伴同他人建立联系	1	5	4.110	0.804	
特征根值				3.999	
累计方差贡献率(%)				66.651	

注:公共因子提取方法为主成分分析方法。

　　3.调节变量——创业机会创新性及其测量

　　根据 Sarasvathy 等(2003)对创业机会类型的定义,本文研究设置了 2 个题项来测量创业机会的创新性:①从供给角度测量,"您打算创业时,已经拥有或能够从别人那里得到足够的资源";②从需求角度测量,"您打算创业时,非常清楚自己要去做什么事情以及如何去做"。对每个题项,均有"是"与"否"两个答案。对 2 个题项都回答"是"(供给和需求均确定)的,赋值为 1,机会的创新性最低;对 2 个题项中一个回答"是",另一个回答"否"(供给和需求中有一方不确定)的,赋值为 2;对 2 个题项都回答"否"(供给和需求都不确定)的,则赋值为 3,机会的创新性最高。

4.控制变量

本文也选取了一些控制变量,它们都可能会给创业绩效带来不同程度的影响。控制变量主要从创业者和所创企业两个层面选取。在创业者层面,本文设置了 2 个控制变量:①创业者年龄。将创业者年龄分为 4组,分别进行赋值:30 岁及以下=1,30~39 岁=2,40~49 岁=3,50 岁及以上=4。②创业者受教育程度。将创业者受教育程度分为 5 组,分别进行赋值:小学及以下=1,初中=2,高中=3,大专=4,大学及以上=5。在所创企业层面,本文也设置了 2 个控制变量:①创业年限;②创业规模,用员工人数的对数来反映。

13.3.3 模型构建

本文采用多元线性回归模型,基本公式为:

$$y = \beta_0 + \beta_1 x_1 + \beta_2 x_2 + \beta_3 x_3 + \beta_4 x_4 + \beta_5 x_5 + \beta_6 x_6$$
$$+ \beta_7 x_7 + \beta_8 x_5 x_7 + \beta_9 x_6 x_7 + \varepsilon \tag{1}$$

(1)式中,y 表示因变量创业绩效;β_0 为常数项;$\beta_j (j=1,2,\cdots,9)$为变量系数;x_1、x_2、x_3 和 x_4 分别表示控制变量农民创业者年龄、农民创业者受教育程度、创业年限和创业规模;x_5 和 x_6 分别表示自变量社会性关系网络和市场性关系网络;x_7 表示调节变量创业机会创新性;$x_5 x_7$ 和 $x_6 x_7$ 分别表示社会性关系网络、市场性关系网络与创业机会创新性的交互项;ε 表示随机干扰项。

模型中各个变量的描述性统计分析结果由表 13-5 给出。

表 13-5   变量的描述性统计分析结果

	变量名	最小值	最大值	均值
因变量	创业绩效	−3.48	2.10	0.00
控制变量	年龄（岁）	1	4	2.17
	受教育程度（年）	1	5	2.49
	创业年限（年）	1	24	6.05
	创业规模（人数的对数）	0.00	6.68	1.73
自变量	社会性关系网络	−4.85	1.47	0.00
	市场性关系网络	−3.64	1.78	0.00
调节变量	创业机会创新性	1	3	1.41

注：创业绩效、社会性关系网络、市场性关系网络的变量值是经过因子分析后得到的因子得分值，因子得分值是因子载荷矩阵中的各个因子载荷乘以相应指标标准化后的数值之和。

13.4   数据分析与结果

本文运用 SPSS 18.0 软件进行数据分析。因变量创业绩效是一个连续变量，因此可以采用一般线性模型进行回归分析。为了检验前面提出的假说，本文采用前向逐步回归法，逐步加入控制变量、自变量、调节变量、自变量与调节变量的交互项进行回归。为了避免加入交互项可能带来的多重共线性问题，本文对调节变量"机会创新性"做了中心化处理。

表 13-6 给出了主要变量的相关系数矩阵。根据相关系数矩阵，社会性关系网络、市场性关系网络、创业机会创新性与创业绩效之间都存在显著的相关关系，相关系数分别为 0.300、0.245 和 −0.164。

表 13-6　模型变量的相关系数矩阵

变量	1	2	3	4	5	6	7	8
创业绩效	1	—	—	—	—	—	—	—
年龄	0.006	1	—	—	—	—	—	—
受教育程度	0.056	−0.377**	1	—	—	—	—	—
创业年限	−0.032	0.029	−0.240**	1	—	—	—	—
创业规模	0.188**	0.076	0.068	0.124*	1	—	—	—
社会性关系网络	0.300**	−0.015	−0.065	−0.075	0.080	1	—	—
市场性关系网络	0.245**	−0.028	−0.008	−0.092	0.093	0.498**	1	—
创业机会创新性	−0.164**	−0.008	0.022	0.063	−0.062	−0.146**	−0.151**	1

注：** 表示在 0.01 水平（双侧）上显著相关；* 表示在 0.05 水平（双侧）上显著相关。

表 13-7 给出了模型的回归结果。其中,方程 1 是控制变量对因变量的回归方程;方程 2 是控制变量、自变量、调节变量对因变量的主效应方程;方程 3 和方程 4 是加入交互项后的全效应方程。由表 13-7 中方程 2 的回归结果可知,社会性关系网络对创业绩效有显著的正向预测作用(β=0.224),因此假说 1 得到了验证;市场性关系网络对创业绩效有显著的正向预测作用(β=0.103),因此假说 2 得到了验证;社会性关系网络对创业绩效的影响程度(β=0.224)大于市场性关系网络的影响程度(β=0.103),因此假说 3 得到了验证。加入调节变量后,由表 7 中方程 3 和方程 4 的回归结果可知,创业机会创新性对社会性关系网络与创业绩效之间的作用关系起着正向调节作用(β=0.142),因此假说 4 得到了验证;创业机会创新性对市场性关系网络与创业绩效之间的作用关系没有起到调节作用,因此假说 5 没有得到验证。对此,可能的解释是,在现实生活中,由于农民创业环境还不完善,在开发高创新性的创业机会时,农民创业者所面临的是不确定性更强和更加复杂的决策环境,他们要冒很大的风险进行创业,在这种情况下,由家人、亲戚和朋友构成的社会性关系网络就显得尤为重要。他们出于对创业者的高度信任和情感,愿意冒险支持创业者,帮助创业者高效、准确地把握创业机会并实现创业机会的价值,提

高创业绩效。而市场性关系网络中的成员，例如客户和生意伙伴，往往怀着功利性目的，在面对创业者开发高创新性的创业机会时，不愿意承担为创业者提供实质性帮助所衍生的风险。因而，创业机会创新性对市场性关系网络与创业绩效之间的作用关系没有起到调节作用。

表 13-7 关系网络、创业机会创新性及其他变量对创业绩效的回归结果

自变量	因变量（创业绩效）			
	方程 1	方程 2	方程 3	方程 4
常数项	−0.213	−0.116	−0.126	−0.117
年龄	0.007	0.021	0.029	0.023
受教育程度	0.011	0.047	0.044	0.044
创业年限	−0.012	−0.002	−0.004	−0.002
创业规模	0.143***	0.117***	0.113***	0.117***
社会性关系网络	—	0.224***	0.238***	0.231***
市场性关系网络	—	0.103*	0.122**	0.101*
创业机会创新性	—	−0.179**	−0.149*	−0.167**
社会性关系网络×创业机会创新性	—	—	0.142***	—
市场性关系网络×创业机会创新性	—	—	—	0.036
R^2	0.032	0.141	0.156	0.142
调整后的 R^2	0.022	0.124	0.138	0.123
ΔR^2	—	0.109***	0.015***	0.001
F 值	3.146**	8.647***	8.524***	7.619***
自由度	4	7	8	8

注：*、**、*** 分别表示在 10%、5% 和 1% 水平上统计显著。

13.5 结论与启示

本文通过研究证实了关系网络是影响农民创业绩效的重要因素，同时，在"关系网络—创业绩效"这一作用过程中，创业机会创新性起着调节作用。研究表明，关系网络中的社会性关系网络对农民创业绩效有着显著影响，拥有很多来往频繁的家人、亲戚和朋友，与他们中的绝大部分相

互信任，并且能够取得他们支持的农民创业者，将比其他人在新创企业中更容易取得更好的创业绩效。同时，市场性关系网络也对农民创业绩效有着显著影响，那些与潜在或者已有的客户和生意伙伴建立了密切联系，能够从他们那里获取有价值的信息，并可以通过他们扩大网络，与他人建立联系的农民创业者，其创业绩效表现也更加卓越。但是，对农民创业者群体而言，相较于社会性关系网络，市场性关系网络在提升创业绩效中发挥的作用较小。因此，把握好社会性关系网络，是农民创业能否成功的关键。创业机会创新性调节着关系网络与创业绩效之间的作用关系。在开发创新性较强的创业机会时，社会性关系网络将有助于提升农民创业绩效，而市场性关系网络对创业绩效并无显著的提升作用。因此，拥有丰富的社会性关系网络资源的创业者，在面临创新性较强的创业机会时，更能识别出创业机会中蕴涵的价值，通过对已有的初始关系网络的快速整合，获得创业成功。

基于以上研究结论，本文得出以下两点促进农民创业的启示：第一，农民在创业过程中应合理利用关系网络，包括社会性关系网络和市场性关系网络。在特定创业机会的约束下，创业者可以利用社会性关系网络和市场性关系网络来达到创业成功和促进新创企业成长的目的。第二，农民应根据识别出的创业机会特征有意识地选择关系网络。由于创业机会创新性正向调节着社会性关系网络与创业绩效之间的作用关系，故在面对创新性较强的创业机会时，农民创业者应有意识地选择利用社会性关系网络来整合创业资源，以便在信息有限的条件下迅速做出正确的判断，高效、准确地把握住创业机会并实现创业机会的价值，提高创业初期的创业绩效。

（郭红东　丁高洁）

附　录

附录1　中国农民创业调查(创业者)

中国农民创业调查

（创业者）

请告诉受访者:"感谢您接受我们的调查。我们保证调查所得数据仅作学习研究之用,不会泄露您的个人信息。"调查结束时,请再次致谢。

问 卷 编 号:_____

调 查 地 点:_____省(直辖市、自治区)_____市(区、县)

_____乡(镇)_____村

受访者姓名:_____

受访者电话:_____

调 查 日 期:2012 年_____月_____日

调 查 时 间:_____点_____分至_____点_____分

调 查 员:_____

调查员电话:_____

填写说明:

1. 受访对象应符合以下条件,缺一不可:(1)属于农村户口;(2)当前的创业活动开始于 2004 年之后(包括 2004 年);(3)属于自我雇佣;(4)其创业活动可以在农业领域或非农业领域内进行。下表列举了符合调查要求的创业活动和对应的受访对象。

	创业活动	调研对象
农业领域创业活动	种植业、林业、畜牧业、渔业内的专业大户	决策人
	创办农民专业合作组织	合作社社长(创办者)
	在涉农服务业或制造业内开办作坊、工厂或企业	董事长(创办者)
非农业领域创业活动	个体工商户(开店、家庭作坊)	决策人
	开办工厂	厂长(创办者)
	创办企业	董事长(创办者)

2. 在回答问卷的问题时,如果有备选项,请在符合受访者情况的选项上打"√";如果没有备选项,请根据受访者实际情况按问题要求填写。

3. 根据对受访者组成结构的要求,请利用下表确认该受访者属于哪一类型:

类型	在农业领域内创业	在非农业领域内创业
受访者属于		

现在,请随着我们的问题回顾您目前这次创业开始的情况,带领我们领略那精彩的创业历程。

A:创业初始情况

编号	题项	选 项
A1	您创业之初的项目是	
A2	该项目开始于	_____年
A3	该项目所在地点	1=本村;2=本镇(乡);3=本市(县);4=本省;5=外省;6=国外
A4	该项目属于什么领域?	1=农业领域;0=非农业领域

编号	题项	选　项			
A5	若属于农业领域,具体属于哪个行业?				
A6	若属于非农业领域,具体属于哪个行业?				
A7	您创业时选择的组织形式	1=个体户;2=与人合伙;3=独自出资创办企业;4=股份合作企业;5=合作社;6=其他_____			
A8	创业最初投入了多少资金?	_____万元			
A9	创业资金的来源及所占大致比例	来源	金额(万元)	来源	金额(万元)
		1=家庭自有资金		2=向亲戚朋友借	
		3=从银行、信用社贷款		4=民间集资	
		5=政府补贴		6=其他_____	
A10	创业最初的员工数量(包括正式员工、临时员工和帮忙的家人)	____人,其中帮忙的家人有____人;正式雇佣的员工(指全职)有____人			
A11	创业最初的办公经营场地或厂房是	1=自家的住房;2=借用;3=租用;4=购买;5=其他,请说明_____			
A12	创业第一年您用于雇工的费用是	_____万元			
A13	创业第一年的销售收入是	_____万元			
A14	创业时您预定未来想要达到的销售收入是	_____万元			
A15	创业第一年的净利润是	_____万元;如果亏损,则亏损了_____万元			
A16	创业后多长时间开始盈利?	_____月			

续表

编号	题项	选　项
A17	创业之初您觉得自己的产品或服务的市场定位是	1＝补缺者；2＝追随者；3＝挑战者

如果您属于农业领域的创业，请根据您的组织形式进一步回答下面的问题：

	专业大户〔请注意我们要求创业开始时间于 2004 年及以后，即在 2004 年之后（包括 2004 年）成为专业大户的农民才是适合的调查对象。一般来说，从某个时点开始规模化农业生产的农民相对容易判断，但多数农民的生产规模是逐步扩大的。为了便于选择调查对象，以当地农业部门在 2004 年及以后新认定的专业大户为标准。创业初始年份则是被认定为专业大户的那一年。〕
A18	创业第一年您使用的土地规模是　_____亩，其中自家的承包地_____亩，流转入_____亩
A19	创业第一年您用于流转土地的费用是　_____万元
	农民专业合作社
A20	创立最初的社员数量是　_____人
A21	创立最初的社员土地规模总量是　_____亩
	涉农企业
A22	创业第一年用于租赁、购买厂房或办公经营场地的费用是　_____万元

B：创业时的个人及家庭基本情况

B1 性别	B2 年龄（周岁）	B3 受教育程度	B4 婚否	B5 所在地区	B6 是否是村干部？	B7 是否是党员？
1＝男 0＝女	____岁	____年	1＝是 0＝否	_____省 ____县（市）	1＝是 0＝否	1＝是 0＝否

B8 您在创业前一年的个人收入为	B9 假如您没有创业,则您在创业那一年的预期个人收入大约为	B10 您在创业前一年的家庭收入为	B11 假如您没有创业,则您在创业那一年的预期家庭收入大约为	B12 您家生活水平在当地处于什么水平?(创业时)	B13 创业前家庭拥有的土地数量(包括耕地、林地、水面、草场等)	B14 家庭总人口
___万元	___万元	___万元	___万元		承包地__亩 流转入__亩	___人
B15 劳动力数量	B16 您是否加入农民专业合作社或协会	B17 配偶年龄(周岁)(若未婚,后面的不用填)	B18 配偶受教育程度	B19 配偶是否与您一起创业		
___人	1=是 0=否	___岁	___年	1=是 0=否		

B12:1=大大高于平均水平;2=高于平均水平;3=平均水平;4=低于平均水平;5=大大低于平均水平。

C:创业前的先验经验

编号	题　项	选项
C1	您在创业前正在做什么工作?	
C2	您有多少年从事涉农工作的经历?	_____年
C3	您之前主要从事什么涉农行业?	
C4	您有多少年从事非农工作的经历?	_____年
C5	您之前主要从事什么非农行业?	
C6	您在上述的农业或非农工作中担任过管理工作吗?	1=是;0=否
C7	您在上述的农业或非农工作中担任过销售工作吗?	1=是;0=否
C8	您在上述的农业或非农工作中担任过技术工作吗?	1=是;0=否
C9	您在上述的农业或非农工作中担任过生产工作吗?	1=是;0=否
C10	在此次创业前,您是否参加过培训?	1=是;0=否
C11	如有,培训的内容包括(多选)	
C12	培训时间合计大概有	_____天

续表

编号	题项	选项
C13	在此次创业之前,是否拥有创业相关的手艺或技能	1＝是;0＝否
C14	在此次创业之前,是否拥有创业相关行业的产品知识	1＝是;0＝否
C15	在此次创业之前,是否拥有创业相关行业的市场知识	1＝是;0＝否
C16	在此次创业之前,是否拥有创业相关行业的客户知识	1＝是;0＝否
C17	您以前创业过吗?（若没有,则结束这部分的回答）	1＝是;0＝否
C18	若有,除了目前这次您一共有过几次创业经历?	＿＿＿＿次
C19	前后大概合计有多少年?	＿＿＿＿年
C20	其中,涉农方面的创业经历有几次?	＿＿＿＿次
C21	涉农创业经历大概合计有多少年?	＿＿＿＿年
C22	除了目前这次,您有过几次创业成功的经历?	＿＿＿＿次

C11:1＝生产技术类;2＝市场营销类;3＝经营管理类;4＝财务类;5＝其他,请说明

＿＿＿＿。

D:创业时的社会资本

编号	题项	选 项				
	在相应数量下打"√"	5人及以下	6～10人	11～20人	21～30人	30人以上
D1	春节期间,您联系密切的亲戚总共有多少人					
D2	春节期间,您联系的亲密朋友总共有多少人					
D3	春节期间,您联系的其他人有多少人					
D4	任村干部的亲朋好友数量	＿＿＿人	D8	父母是否正在创业		1＝是;0＝否
D5	在政府机关或事业单位任职的亲朋好友数量	＿＿＿人	D9	正在创业的兄弟姐妹、亲戚数量		＿＿＿人
D6	在国有或私营企业中担任管理或技术类职务的亲朋好友的数量	＿＿＿人	D10	正在创业的朋友数量		＿＿＿人

D7	在银行、农村信用社任职的亲朋好友数量	＿＿＿人	D11	正在创业的其他人数量（包括邻居、同事、同学等）	＿＿＿人

请考虑最近您做出的一个比较重要的决定,例如更换工作、建造房屋等。在您做出这个决定时,您和谁讨论过这个问题? 在他们中

D12	家人、亲戚有多少人	＿＿＿人
D13	朋友有多少人	＿＿＿人
D14	其他有多少人	＿＿＿人

请您在他们中选择对您做出这个决定帮助最大的5位,并回答下面的问题。

	D15 您和他们的关系是: 1.父母、子女、夫妻关系 2兄弟姐妹关系 3.好朋友关系 4.亲戚关系 5.普通朋友 6.认识的人	D16 性别 1.男 2.女	D17 您和他交往的频率如何? 1.很少交往 2.交往不多 3.一般 4.交往较多 5.交往很多	D18 您和他的熟悉程度如何? 1.很不熟悉 2.不熟悉 3.一般 4.熟悉 5.很熟悉	D19 您和他的亲密程度如何? 1.很疏远 2.疏远 3.一般 4.亲密 5.很亲密	D20 您对他的信任程度如何? 1.谈不上信任 2.不太信任 3.一般 4.信任 5.很信任
第①位						
第②位						
第③位						
第④位						
第⑤位						

D21	以上5人之间互相熟悉程度如何?	(1)互相完全不认识;(2)有部分互相认识;(3)互相都认识;(4)部分人互相熟悉;(5)互相都很熟悉

编号	题项	从不参与	不参与	偶尔参与	经常参与	每次都参与
D22	您对村干部选举的参与情况	1	2	3	4	5
D23	您对村内事务的关心及参与情况	1	2	3	4	5
D24	您是否是信用社成员?	1＝是;0＝否				

E:个体特质

编号	题　项	非常不同意	比较不同意	中立	比较同意	非常同意
E1	我经常会建议用新的方法去达成目标	1	2	3	4	5
E2	我经常会想出新的办法去提高效率	1	2	3	4	5
E3	我经常可以找到新技术、新产品、新市场的信息	1	2	3	4	5
E4	我经常会联想到新方法去提高工作质量	1	2	3	4	5
E5	我会推广新的想法给别人	1	2	3	4	5
E6	我经常会制定适当的计划去实现自己的新想法	1	2	3	4	5
E7	我会尝试用不同的方法去寻找问题的答案	1	2	3	4	5
E8	我总是看到事情的光明面	1	2	3	4	5
E9	我开朗活泼、喜欢笑	1	2	3	4	5
E10	我对事情总是采取积极主动的态度	1	2	3	4	5
E11	在遇到困难时我会勇敢接受	1	2	3	4	5
E12	我会用快乐的态度看待事情	1	2	3	4	5
E13	我遇到挫折时会继续奋斗而不轻言放弃	1	2	3	4	5
E14	我是一个想得开、看得开的人	1	2	3	4	5
E15	我不钻牛角尖,相信天无绝人之路	1	2	3	4	5
E16	大多数时候我会选择做一些小风险的事情	1	2	3	4	5
E17	我经常会在大多数人发现有危险的情况下保持镇定	1	2	3	4	5
E18	我经常会很有把握做一些大多数人认为有危险的事情	1	2	3	4	5

编号	题　项	非常 不同意	比较 不同意	中立	比较 同意	非常 同意
E19	为一个可能存在的高收入而承担风险,我会觉得不值得	1	2	3	4	5
E20	如果有项目回报非常高,我会毫不犹豫地将我的钱投进去	1	2	3	4	5

编号	题　项	非常 不自信	不自信	一般	比较自信	非常自信
E21	在开发一个新产品或一项新服务来满足顾客方面,您的自信程度为	1	2	3	4	5
E22	在为新产品制定一个有竞争力的价格方面,您的自信程度为	1	2	3	4	5
E23	在和他人建立联系并交换信息方面,您的自信程度为	1	2	3	4	5
E24	在管理人员方面,您的自信程度为	1	2	3	4	5
E25	在管理财务方面,您的自信程度为	1	2	3	4	5

假设您现在已经拥有一家企业或者创办了一个农民专业合作社,请回答下面的问题。

编号	题　项	非常低的 可能性	较低的 可能性	中等程度 的可能性	较高的 可能性	非常高的 可能性
E26	5 年后您的组织仍将成功运营	1	2	3	4	5
E27	您能够准确预测您的组织所生产的产品的市场需求	1	2	3	4	5
E28	您能够准确掌握您的竞争对手的变化情况	1	2	3	4	5
E29	您能够使您的组织成功,即使其他人可能会倒闭	1	2	3	4	5
E30	您能够开发出别人很难模仿的产品或服务	1	2	3	4	5

请您在以下情况下做出购买决策:

续表

	王老板正准备投资购买一台新机器,候选对象已经缩小到了机器甲(上海制)和机器乙(华南造)。两台机器的功能都是一样的。在考虑到底买哪台机器的决策时,王老板跟朋友说:"好像每次我购买由华南的厂商制造的设备的时候,在使用的第一个月,这些设备就会出故障。" 可是王老板的朋友拿出了一份最新的工业报告,该报告认为机器乙(华南造)好于机器甲(上海制)。该报告的结论是建立在大量的测试以及几十个机器使用者反馈的基础上的。 您认为王老板应购买哪个机器? 为什么?
E31	1=甲机器;0=乙机器
E32	原因,请说明_____

F:创业时的外部环境

编号	题　项	非常 不同意	比较 不同意	中立	比较 同意	非常 同意
F1	本地政府提供了较多的创业项目	1	2	3	4	5
F2	本地政府设有扶持创业的创业基金	1	2	3	4	5
F3	本地政府有鼓励创业的税收、审批、补贴政策	1	2	3	4	5
F4	本地创业可以比较容易地获得金融机构的贷款	1	2	3	4	5
F5	本地创业可以比较容易地获得民间资本的贷款	1	2	3	4	5
F6	本地创业可以比较容易地获得政府贴息的贷款	1	2	3	4	5
F7	本地有创业人才培训项目	1	2	3	4	5
F8	本地有农民技术培训项目	1	2	3	4	5
F9	本地的职业技术教育和再教育体系比较完备	1	2	3	4	5
F10	本地新创办的单位与原有的单位一样能够很快获得新技术	1	2	3	4	5
F11	本地政府鼓励和支持创业者引进和使用新技术	1	2	3	4	5
F12	本地的创业者获得所需技术的成本比较高	1	2	3	4	5
F13	本地交通条件良好,水电等基础设施比较完备	1	2	3	4	5
F14	本地新创办的单位能很快获得水、电、通讯等安装服务	1	2	3	4	5
F15	本地的创业者能负担得起水、电、天然气等费用	1	2	3	4	5

编号	题　项	非常 不同意	比较 不同意	中立	比较 同意	非常 同意
F16	本地有鼓励人们独立和创业的氛围	1	2	3	4	5
F17	本地有鼓励人们承担创业风险的氛围	1	2	3	4	5
F18	本地有鼓励人们通过自身努力获得成功的氛围	1	2	3	4	5
F19	本地有鼓励人们有新的想法和做法的氛围	1	2	3	4	5
F20	在本地,人们会经常谈论创业相关的事情	1	2	3	4	5
F21	本地的产品和服务市场每年的变化很大	1	2	3	4	5
F22	本地有许多企业或组织提供相似的产品和服务	1	2	3	4	5
F23	本地受消费者欢迎的产品和服务每年都不太一样	1	2	3	4	5
F24	新创办组织的产品能比较容易地找到市场	1	2	3	4	5
F25	新创办的组织能负担得起市场进入成本	1	2	3	4	5
F26	新创办的组织能比较容易地进入一个新市场而不受到原有企业的阻碍	1	2	3	4	5
F27	如果我创业,我的家人会支持我	1	2	3	4	5
F28	如果我创业,我的亲戚会支持我	1	2	3	4	5
F29	如果我创业,我的朋友会支持我	1	2	3	4	5
F30	你家距离最近的县城(或大城市)有多少公里?	_____公里				
F31	你家距离最近的较大规模的市场有多少公里?	_____公里				
F32	本地是否具有一定规模的产业集群?	1=是;0=否				

G:创业动机

编号	题项	选　项
G1	您创业的主要目的(多选题,限选3项)?	(1)解决温饱问题;(2)提高生活水平;(3)提高社会地位;(4)实现人生理想;(5)其他_____

H：创业机会识别

编号	题　项	非常不同意	比较不同意	中立	比较同意	非常同意
H1	就算在休假的时候，我也总在想着关于创业的事情	1	2	3	4	5
H2	我会花上一个晚上的时间和人讨论创业的事情	1	2	3	4	5
H3	我在不上班的时间中，总是在考虑有关创业的事情	1	2	3	4	5
H4	您发现过多少个创业机会？	___个				
H5	其中，有多少个创业机会用于创业？	___个				
H6	您认为当前开展的创业项目好在哪里（多选）	(1)创造了新产品或服务；(2)发现了新地理市场；(3)利用了一种新的原材料；(4)采用了新的生产方式；(5)采用了新的组织方式				
H7	您发现这个创业机会的方式更接近哪一种	(1)通过深入、系统的调查分析；(2)依靠先前所积累的经验				
H8	从您发现这个创业机会到您开始投钱进去的时间	(1)1周左右；(2)2周左右；(3)1个月左右；(4)2个月左右；(5)3个月以上				
H9	从您发现这个创业机会到您着手创业事务筹备的时间	(1)1周左右；(2)2周左右；(3)1个月左右；(4)2个月左右；(5)3个月以上				
编号	题　项	非常不同意	比较不同意	中立	比较同意	非常同意
H10	即使对某个行业没有经验，我也能在其中很好地识别出一个新的创业机会	1	2	3	4	5
H11	业余的时间里，我所识别出的多个创业机会之间，几乎是互不相关的	1	2	3	4	5
H12	要识别出一个好的商业机会，我需要在某个行业或市场中进行深入调研	1	2	3	4	5
H13	在日复一日的例行活动中，我总是能够看到在我身边存在创业机会	1	2	3	4	5
H14	我曾经花费很多时间来寻找这个创业机会	1	2	3	4	5

编号	题　项	非常 不同意	比较 不同意	中立	比较 同意	非常 同意
H15	我发现这个创业机会动用了很多人力物力	1	2	3	4	5
H16	您打算创业时,自己已经拥有或者能够从别人那里得到足够的资源	1=是;0=否				
H17	您打算创业时,非常清楚自己要去做什么事情以及如何去做	1=是;0=否				

I:创业资源整合

编号	题　项	选　项
I1	对您来说,当年创业时需要哪些重要的资源?(可多选,限选3项)	1=资金;2=客户资源(业务);3=厂房(经营场地)、设备;4=技术;5=有经验的员工;6=销售渠道;8=管理、生产、销售经验;9=情感支持;10=各种信息;11=其他_____
I2	当年从您开始筹建到实现第一笔销售大概用了多少时间?	____月
I3	产品的生产技术当时主要通过以下哪种方式获得?(可多选,限选3项)	1=自主开发;2=仿制;3=大路产品;4=购买技术或专利;5=合作开发;6=个人经验;7=政府推广;8=其他,请说明_____
I4	创业第一年您的产品或服务通过创业前就拥有的或者接触过的销售渠道进行销售的收入占销售总收入的比例是	_____%
I5	创业第一年您的客户中有多少比例是您创业前的客户(可以是通过别的业务获得的)	_____%
I6	创业第一年您所雇佣的员工中有多少比例是与您在创业前就认识的	_____%
I7	您能很容易得到创业所需的土地吗?	1=是;0=否
I8	您能很容易得到创业所需的设备吗?	1=是;0=否
I9	您具有管理新创企业、制定目标、计算盈亏的能力吗?	1=是;0=否

续表

请回忆您当年在整合各种资源、筹备创业组织时的社会关系情况,回答下列问题。

编号	题项	非常不同意	比较不同意	中立	比较同意	非常同意
I10	我拥有很多来往频繁的家人和亲戚	1	2	3	4	5
I11	我拥有很多来往频繁的朋友	1	2	3	4	5
I12	我和绝大部分家人、亲戚互相信任	1	2	3	4	5
I13	我和绝大部分朋友互相信任	1	2	3	4	5
I14	我可以得到很多家人和亲戚的支持	1	2	3	4	5
I15	我可以得到很多朋友的支持	1	2	3	4	5
I16	我和绝大部分家人、亲戚拥有共同的价值观和处事规则	1	2	3	4	5
I17	我和绝大部分朋友拥有共同的价值观和处事规则	1	2	3	4	5
I18	我和潜在或者已有的客户建立了密切的联系	1	2	3	4	5
I19	我可以从潜在或者已有的顾客那里获取有价值的信息	1	2	3	4	5
I20	我可以通过潜在或者已有的顾客同他人建立联系	1	2	3	4	5
I21	我与潜在或者已有的生意伙伴建立了密切的联系	1	2	3	4	5
I22	我可以从潜在或者已有的生意伙伴那里获取有价值的信息	1	2	3	4	5
I23	我可以通过潜在或者已有的生意伙伴同他人建立联系	1	2	3	4	5

现在让我们把注意力转移到当前,请根据您目前的情况回答下面的问题。

J:创业绩效

J1 年龄(周岁)	J2 受教育程度	J3 婚否	J4 创业期间是否参加过培训	J5 创业期间培训时间大概有
＿＿岁	＿＿年	1＝是;0＝否	1＝是;0＝否	＿＿天

J6 个人收入(2011 年)为	J7 家庭总收入(2011 年)为	J8 您家生活水平在当地处于什么水平?	J9 您的创业项目2011 年实现销售收入为	J10 您的创业项目2011 年实现净利润为
＿＿万元	＿＿万元		＿＿万元	＿＿万元

J11 目前您的员工数量	J12 其中,帮忙的家人有	J13 全职员工有	J14 2011 年您雇佣员工的费用是
＿＿人	＿＿人	＿＿人	＿＿万元

请根据您的组织形式进一步回答下面的问题:

	专业大户	
J15	2011 年您使用的土地规模是	＿＿亩,其中自家的承包地＿＿亩,流转入＿＿亩
J16	2011 年您用于流转土地的费用是	＿＿万元
	农民专业合作社	
J17	2011 年年底的社员数量是	＿＿人
J18	2011 年年底的社员土地规模总量是	＿＿亩
	涉农企业	
J19	2011 年用于租赁、购买厂房或办公经营场地的费用是	＿＿万元

编号	题项	非常不同意	比较不同意	中立	比较同意	非常同意
J20	所创企业没有碰到财务困境	1	2	3	4	5
J21	所创企业整体运营情况良好	1	2	3	4	5
J22	所创企业盈利状况很好	1	2	3	4	5
J23	所创企业规模扩大很快	1	2	3	4	5
J24	实现了当初创业前的设想目标	1	2	3	4	5
J25	个人收入比创业前有大的提高	1	2	3	4	5
J26	家庭收入比创业前有大的提高	1	2	3	4	5
J27	生活水平比创业前有大的提高	1	2	3	4	5
J28	社会地位比创业前有大的提高	1	2	3	4	5
J29	您对自己职业(创业者)的满意程度	1	2	3	4	5
J30	您对自己目前收入的满意程度	1	2	3	4	5

J8:1＝大大高于平均水平;2＝高于平均水平;3＝平均水平;4＝低于平均水平;5＝大大低于平均水平。

K：创业能力

编号	题　项	非常 不同意	比较 不同意	中立	比较 同意	非常 同意
K1	干事情与众不同,花样经常翻新					
K2	遇苦难有忍耐力,做人能屈能伸					
K3	有良好的人际关系网,始终能为自己的事业找到好的出路和资源					
K4	不完全依靠别人帮助,十分独立地向前推进自己的工作、事业或生意					
K5	总是能超前一步抓住赚钱和发展自己的机会					
K6	总是要想尽一切办法使自己的家庭、工作、事业、收入、生意向更大和更好的方向发展					
K7	有很强的学习能力和工作能力,能满足发展需要					
K8	十分善于建立工作或生意网络,以便能找到新市场、新投入、新专家					
K9	能与投资者、下属、领导很好相处					
K10	能与其他同行、同事良好合作					

问题到此结束,感谢您的耐心配合!

同时也感谢调查员的认真工作!

附录2　中国农民创业调查(非创业者)

中国农民创业调查

(非创业者)

请告诉受访者:"感谢您接受我们的调查。我们保证调查所得数据仅作学习研究之用,不会泄露您的个人信息。"调查结束时,请再次致谢。

问 卷 编 号:＿＿＿＿＿＿＿＿＿＿＿＿＿＿＿＿＿＿＿

调 查 地 点:＿＿＿＿省(直辖市、自治区)＿＿＿＿市(区、县)

＿＿＿＿＿＿乡(镇)＿＿＿＿＿＿村

受访者姓名:＿＿＿＿＿＿＿＿＿＿＿＿＿＿＿＿＿＿＿＿＿

受访者电话:＿＿＿＿＿＿＿＿＿＿＿＿＿＿＿＿＿＿＿＿＿

调 查 日 期:2012 年＿＿＿＿月＿＿＿＿日

调 查 时 间:＿＿＿点＿＿＿分至＿＿＿点＿＿＿分

调 查 员:＿＿＿＿＿＿＿＿＿＿＿＿＿＿＿＿＿＿＿＿＿

调查员电话:＿＿＿＿＿＿＿＿＿＿＿＿＿＿＿＿＿＿＿＿＿

填写说明:

1. 受访对象应符合以下条件,缺一不可:(1)属于农村户口;(2)目前本人及家庭主要成员没有开展任何创业活动;(3)年龄在 18~60 周岁之间(包括 18 岁和 60 周岁)。

2. 在回答问卷的问题时,如果有备选项,请在符合受访者情况的选项上打"√";如果没有备选项,请根据受访者实际情况按问题要求填写。

3. 根据对受访者组成结构的要求,请利用下表确认该受访者属于哪一类型:

类型	没有任何创业意愿	具有在非农业领域创业的意愿	具有在农业领域创业的意愿
受访者属于			

A：基本情况

A1 性别	A2 年龄（周岁）	A3 受教育程度	A4 婚否	A5 目前主要做什么工作	A6 您有多少年从事涉农行业工作的经历	A7 您之前主要从事什么涉农行业（多选）
1＝男 0＝女	——岁	——年	1＝是 0＝否		——年	
A8 您有多少年从事非农工作的经历	A9 您以前主要从事过什么非农行业（多选）	A10 您在上述农业或非农工作中担任过管理职务吗？	A11 您在上述农业或非农工作中担任过销售职务吗？	A12 您在上述农业或非农工作中担任过技术职务吗？	A13 您在上述农业或非农工作中担任过财务职务吗？	A14 您在上述农业或非农工作中担任过生产职务吗？
——年		1＝是 0＝否	1＝是 0＝否	1＝是 0＝否	1＝是 0＝否	1＝是 0＝否
A15 您是否有手艺或技能	A16 您是否是村干部	A17 您以前创业过吗？（若没有，请转至 A22）	A18 您一共有过几次创业经历？	A19 前后大概合计有多少年？	A20 其中，涉农方面的创业经历有几次？	A21 涉农创业经历大概合计有多少年？
1＝是 0＝否	1＝是 0＝否	1＝是 0＝否	——次	——年	——次	——年
A22 家庭主要成员曾经有过创业吗？	A23 家庭年收入大约（2011年）为	A24 个人年收入大约（2011年）为	A25 您家生活水平在当地处于什么水平？	A26 您家的住房属于	A27 目前家庭拥有土地数量（包括耕地、林地、水面、草场等）	A28 家人、亲戚中是否有村干部、公务员？
1＝是 0＝否	——万元	——万元			承包地__亩 流转入__亩	1＝是 0＝否

A29 您是否参加过培训?	A30 若参加过,培训的内容包括(多选)	A31 培训时间合计大概有	A32 您是否加入农民专业合作社或专业协会?	A33 家庭人口数量	A34 如有配偶,配偶年龄(周岁)	A35 配偶受教育程度
1=是 0=否		___天	1=是 0=否	总人口___人 劳动力___人	___年	

　　A25:(1)大大高于平均水平;(2)高于平均水平;(3)平均水平;(4)低于平均水平;(5)大大低于平均水平。

　　A26:(1)土坯房;(2)平房;(3)瓦房;(4)楼房。

　　A30:(1)生产技术类;(2)市场营销类;(3)经营管理类;(4)财务税收类;(5)其他,请说明_____。

B:创业意愿

编号	问　题	选　项
B1	今后几年内有创业的打算?	(1)3年以内会创业;(2)3年以后会创业;(3)不会创业
B2	若打算创业,您想在哪个领域创业?	(1)农业领域;(2)非农业领域
B3	若打算创业,您想采取什么样的组织方式?	(1)个体户;(2)与人合伙;(3)独自出资创办企业;(4)股份合作企业;(5)合作社;(6)其他_____
B4	若打算创业,您的创业目的是?	(1)解决温饱问题;(2)提高生活水平;(3)提高社会地位;(4)实现人生理想;(5)其他
B5	若打算创业,目前阻碍您创业的最大原因是什么?	(1)害怕失败;(2)没有发现合适的创业机会;(3)缺乏创业所需的资源;(4)家人或亲戚朋友反对;(5)其他_____
B6	您现在有在为创业存钱吗?	1=是;0=否
B7	您会在平时学习怎么做生意吗?	1=是;0=否
B8	若没有创业想法,主要原因?(多选题,限选3项)	(1)祖辈习惯;(2)没有先例;(3)害怕风险;(4)缺少资金;(5)创业艰辛;(6)其他_____
B9	你有开创企业的知识经验吗?	1=是;0=否
B10	你能获得开创新企业所需的社会资源吗?	1=是;0=否

C:感知创业价值(不论受访者是否具有创业意愿,都请回答这部分问题)

编号	题　项	非常不同意	比较不同意	中立	比较同意	非常同意
C1	通过创业,可以满足我创新的愿望	1	2	3	4	5
C2	通过创业,可以满足我的成就感和自豪感	1	2	3	4	5
C3	通过创业,可以给我带来乐趣	1	2	3	4	5
C4	通过创业,可以满足我的冒险精神	1	2	3	4	5
C5	通过创业,可以让我不再感到自卑	1	2	3	4	5
C6	创业能够增加我未来的收入	1	2	3	4	5
C7	创业能够加快我的资产积累速度	1	2	3	4	5
C8	创业能够使我有更为自由的工作时间	1	2	3	4	5
C9	创业能够让我获得更多的工作安全感	1	2	3	4	5
C10	创业能够体现我的社会责任感	1	2	3	4	5
C11	创业能够让我有更广泛的社交网络	1	2	3	4	5
C12	创业能够让我受到更多人的关注	1	2	3	4	5
C13	创业能够提高我的社会地位	1	2	3	4	5
C14	创业能够拓展我的知识面	1	2	3	4	5
C15	创业能够加深我的专业知识	1	2	3	4	5
C16	我对创业过程充满好奇	1	2	3	4	5
C17	创业能够增加我的经验	1	2	3	4	5
C18	创业能够让我学有所用	1	2	3	4	5
C19	创业增强了我学习知识的动力	1	2	3	4	5
C20	创业能够激发我的聪明才智	1	2	3	4	5
C21	创业能够让我不断进步	1	2	3	4	5
C22	创业能够培养我的创新和创造能力	1	2	3	4	5
C23	创业可以让我指导别人工作	1	2	3	4	5
C24	通过创业,我的努力直接带来一个组织的成功	1	2	3	4	5
C25	通过创业,可以将我的想法变成现实	1	2	3	4	5

编号	题　项	非常 不同意	比较 不同意	中立	比较 同意	非常 同意
C26	创业要损失稳定的工资收入	1	2	3	4	5
C27	创业要投入比较多的个人资产	1	2	3	4	5
C28	创业要承担比较高的机会成本	1	2	3	4	5
C29	创业需要我投入更多的工作时间	1	2	3	4	5
C30	创业需要我承担更大的风险	1	2	3	4	5
C31	创业会导致我的情感出现问题	1	2	3	4	5
C32	创业会影响我的家庭稳定	1	2	3	4	5
C33	如果创业,我的健康损失会比较大	1	2	3	4	5
C34	如果创业,我将付出更多的体力	1	2	3	4	5
C35	与创业的所有付出相比,创业的收获是大的	1	2	3	4	5
C36	考虑创业的所有付出和收获,创业是值得的	1	2	3	4	5
C37	我认为创业的付出将得到相应的回报	1	2	3	4	5

D:创业环境(不论受访者是否具有创业意愿,都请回答这部分问题)

编号	题　项	非常 不同意	比较 不同意	中立	比较 同意	非常 同意
D1	本地政府提供了较多的创业项目	1	2	3	4	5
D2	本地政府设有扶持创业的创业基金	1	2	3	4	5
D3	本地政府有鼓励创业的税收、审批、补贴政策	1	2	3	4	5
D4	本地创业可以比较容易地获得金融机构的贷款	1	2	3	4	5
D5	本地创业可以比较容易地获得民间资本的贷款	1	2	3	4	5
D6	本地创业可以比较容易地获得政府贴息的贷款	1	2	3	4	5
D7	本地有创业人才培训项目	1	2	3	4	5

续表

编号	题 项	非常 不同意	比较 不同意	中立	比较 同意	非常 同意
D8	本地有农民技术培训项目	1	2	3	4	5
D9	本地的职业技术教育和再教育体系比较完备	1	2	3	4	5
D10	本地新创办的组织与原有的组织一样能够很快获得新技术	1	2	3	4	5
D11	本地政府鼓励和支持创业者引进和使用新技术	1	2	3	4	5
D12	本地的创业者获得所需技术的成本比较高	1	2	3	4	5
D13	本地交通条件良好,水电等基础设施比较完备	1	2	3	4	5
D14	本地新创办的组织能很快获得水、电、通讯等安装服务	1	2	3	4	5
D15	本地的创业者能负担得起水、电、天然气等费用	1	2	3	4	5
D16	本地有鼓励人们独立和创业的氛围	1	2	3	4	5
D17	本地有鼓励人们承担创业风险的氛围	1	2	3	4	5
D18	本地有鼓励人们通过自身努力获得成功的氛围	1	2	3	4	5
D19	本地有鼓励人们有新的想法和做法的氛围	1	2	3	4	5
D20	在本地,人们会经常谈论创业相关的事情	1	2	3	4	5
D21	本地的产品和服务市场每年的变化很大	1	2	3	4	5
D22	本地有许多企业或组织提供相似的产品和服务	1	2	3	4	5
D23	本地受消费者欢迎的产品和服务每年都不太一样	1	2	3	4	5
D24	新创办组织的产品能比较容易地找到市场	1	2	3	4	5

编号	题　项	非常 不同意	比较 不同意	中立	比较 同意	非常 同意
D25	新创办的组织能负担得起市场进入成本	1	2	3	4	5
D26	新创办的组织能比较容易地进入一个新市场而不受到原有组织的阻碍	1	2	3	4	5
D27	如果我创业,我的家人会支持我	1	2	3	4	5
D28	如果我创业,我的亲戚会支持我	1	2	3	4	5
D29	如果我创业,我的朋友会支持我	1	2	3	4	5
D30	您家距离最近的县城(或大城市)有多少公里?	_____公里				
D31	您家距离最近的较大规模的市场有多少公里?	_____公里				
D32	本地是否具有一定规模的产业集群?	1=是;0=否				

E:社会资本(不论受访者是否有创业意愿,都请回答这部分问题)

编号	题　项	选　项				
	在相应数量下打"√"	5人及以下	6~10人	11~20人	21~30人	30人以上
E1	春节期间,您联系密切的亲戚总共有多少人					
E2	春节期间,您联系的亲密朋友总共有多少人					
E3	春节期间,您联系的其他人总共有多少人					
E4	任村干部的亲朋好友数量	_____人	E8	父母是否正在创业	1=是;0=否	
E5	在政府机关或事业单位任职的亲朋好友数量	_____人	E9	正在创业的兄弟姐妹、亲戚数量	_____人	
E6	在国有或私营企业中担任管理或技术类职务的亲朋好友数量	_____人	E10	正在创业的朋友数量	_____人	
E7	在银行、农村信用社任职的亲朋好友数量	_____人	E11	正在创业的其他人数量(包括邻居、同事、同学等)	_____人	

续表

请考虑最近您做出的一个比较重要的决定,例如更换工作、建造房屋等。在您做出这个决定时,您和谁讨论过这个问题? 在他们中

E12	家人、亲戚有多少人	_____人
E13	朋友有多少人	_____人
E14	其他有多少人	_____人

请您在他们中选择对您做出这个决定帮助最大的5位,并回答下面的问题。

	E15 您和他们的关系是: 1.父母子女夫妻关系 2.兄弟姐妹关系 3.好朋友关系 4.亲戚关系 5.普通朋友 6.认识的人	E16 性别 1 男 2 女	E17 您和他们交往的频率如何? 1.很少交往 2.交往不多 3.一般 4.交往较多 5.交往很多	E18 您和他的熟悉程度如何? 1.很不熟悉 2.不熟悉 3.一般 4.熟悉 5.很熟悉	E19 您和他的亲密程度如何? 1.很疏远 2.疏远 3.一般 4.亲密 5.很亲密	E20 您对他的信任程度如何? 1.谈不上信任 2.不太信任 3.一般 4.信任 5.很信任
第①位						
第②位						
第③位						
第④位						
第⑤位						

E21	以上5人之间互相熟悉程度如何?	(1)互相完全不认识;(2)有部分互相认识;(3)互相都认识;(4)部分人互相熟悉;(5)互相都很熟悉

编号	题 项	从不参与	不参与	偶尔参与	经常参与	每次都参与
E22	您对村干部选举的参与情况	1	2	3	4	5
E23	您对村内事务的关心及参与情况	1	2	3	4	5
E24	您是否是信用社成员?	1=是;0=否				

F:个体特质(不论受访者是否有创业意愿,都请回答这部分问题)

编号	题　项	非常 不同意	比较 不同意	中立	比较 同意	非常 同意
F1	我经常会建议用新的方法去达成目标	1	2	3	4	5
F2	我经常会想出新的办法去提高效率	1	2	3	4	5
F3	我经常可以找到新技术、新产品、新市场的信息	1	2	3	4	5
F4	我经常会联想到新方法去提高工作质量	1	2	3	4	5
F5	我会推广新的想法给别人	1	2	3	4	5
F6	我经常会制定适当的计划去实现自己的新想法	1	2	3	4	5
F7	我会尝试用不同的方法去寻找问题的答案	1	2	3	4	5
F8	我总是看到事情的光明面	1	2	3	4	5
F9	我开朗活泼、喜欢笑	1	2	3	4	5
F10	我对事情总是采取积极主动的态度	1	2	3	4	5
F11	在遇到困难时我会勇敢接受	1	2	3	4	5
F12	我会用快乐的态度看待事情	1	2	3	4	5
F13	我遇到挫折时会继续奋斗而不轻言放弃	1	2	3	4	5
F14	我是一个想得开、看得开的人	1	2	3	4	5
F15	我不钻牛角尖,相信天无绝人之路	1	2	3	4	5
F16	大多数时候我会选择做一些小风险的事情	1	2	3	4	5
F17	我经常会在大多数人发现有危险的情况下保持镇定	1	2	3	4	5
F18	我经常会很有把握做一些大多数人认为有危险的事情	1	2	3	4	5
F19	为一个可能存在的高收入而承担风险,我会觉得不值得	1	2	3	4	5
F20	如果有项目回报非常高,我会毫不犹豫地将我的钱投进去	1	2	3	4	5

续表

编号	题　项	非常 不自信	不自信	一般	比较 自信	非常 自信
F21	在开发一个新产品或一项新服务来满足顾客方面,您的自信程度为	1	2	3	4	5
F22	在为新产品制定一个有竞争力的价格方面,您的自信程度为	1	2	3	4	5
F23	在和他人建立联系并交换信息方面,您的自信程度为	1	2	3	4	5
F24	在管理人员方面,您的自信程度为	1	2	3	4	5
F25	在管理财务方面,您的自信程度为	1	2	3	4	5

假设您现在已经拥有一家企业或者创办了一个农民专业合作社,请回答下面的问题。

编号	题　项	非常低的 可能性	较低的 可能性	中等程度 的可能性	较高的 可能性	非常高 的可能性
F26	5年后您的组织仍将成功运营	1	2	3	4	5
F27	您能够准确预测您的组织所生产的产品的市场需求	1	2	3	4	5
F28	您能够准确掌握您的竞争对手的变化情况	1	2	3	4	5
F29	您能够使您的组织成功,即使其他人可能会倒闭	1	2	3	4	5
F30	您能够开发出别人很难模仿的产品或服务	1	2	3	4	5

请您在以下情况下做出购买决策:

	王老板正准备投资购买一台新机器,候选对象已经缩小到了机器甲(上海制)和机器乙(华南造)。两台机器的功能都是一样的。在考虑到底买哪台机器的决策时,王老板跟朋友说:"好像每次我购买由华南的厂商制造的设备的时候,在使用的第一个月,这些设备就会出故障。" 可是王老板的朋友拿出了一份最新的工业报告,该报告认为机器乙(华南造)好于机器甲(上海制)。该报告的结论是建立在大量的测试以及几十个机器使用者反馈的基础上的。 您认为王老板应购买哪个机器?为什么?
F31	1＝甲机器;0＝乙机器
F32	原因,请说明＿＿＿＿

G:创业机会（请具有创业意愿的受访者回答这部分问题）

编号	题　项	非常不同意	比较不同意	中立	比较同意	非常同意
G1	就算在休假的时候,我也总在想着关于创业的事情	1	2	3	4	5
G2	我会花上一个晚上的时间和人讨论创业的事情	1	2	3	4	5
G3	我在不上班的时间中,总是在考虑有关创业的事情	1	2	3	4	5
G4	您是否发现过创业机会(创业项目)	1=是;0=否				
G5	若是,您发现过多少个创业机会?	___个				
G6	请说说您最近发现的一次创业机会(创业项目)					
G7	您认为这个创业项目与已有项目相比好在哪里(可多选)	1=创造了新产品或服务;2=发现了新地理市场;3=利用了一种新的原材料;4=采用了新的生产方式;5=采用了新的组织方式				
G8	您发现这个创业机会的方式更接近哪一种	1=通过深入、系统的调查分析;2=依靠先前所积累的经验				

编号	题　项	非常不同意	比较不同意	中立	比较同意	非常同意
G9	即使对某个行业没有经验,我也能在其中很好地识别出一个新的创业机会	1	2	3	4	5
G10	业余的时间里,我所识别出的多个创业机会之间,几乎是互不相关的	1	2	3	4	5
G12	要识别出一个好的商业机会,我需要在某个行业或市场中进行深入调研	1	2	3	4	5
G13	在日复一日的例行活动中,我总是能够看到在我身边存在创业机会	1	2	3	4	5

H：创业能力

编号	题　项	非常 不同意	比较 不同意	中立	比较 同意	非常 同意
H1	干事情与众不同,花样经常翻新					
H2	遇苦难有忍耐力,做人能屈能伸					
H3	有良好的人际关系网,始终能为自己的事业找到好的出路和资源					
H4	不完全依靠别人帮助,十分独立地向前推进自己的工作、事业或生意					
H5	总是能超前一步抓住赚钱和发展自己的机会					
H6	总是要想尽一切办法使自己的家庭、工作、事业、收入、生意向更大和更好的方向发展					
H7	有很强的学习能力和工作能力,能满足发展需要					
H8	十分善于建立工作或生意网络,以便能找到新市场、新投入、新专家					
H9	能与投资者、工作下属、领导很好相处					
H10	能与其他同行、同事很好合作					

问题到此结束,感谢您的耐心配合!

同时也感谢调查员的认真工作!

参考文献

[1] Aaron, K. C. Spawned With A Silver Spoon? Entrepreneurial Performance and Innovation in the Medical Device Industry[J]. *Strategic Management Journal*,2009,30: 185-206.

[2] Adler, P. S. & Kwon, S. W. Social Capital: Prospects for a New Concept[J]. *Academy of Management*,2002,27(1):17-40.

[3] Ahearn,K. K. , Ferris, G. R. & Hochwarter, W. A. , et al. Leader Political Skill and Team Performance[J]. *Journal of Management*, 2004,30(3):309-327.

[4] Aldrich, H. E. & Martinez, M. A. Many Are Called, But Few Are Chosen: An Evolutionary Perspective for The Study of Entrepreneurship[J]. *Entrepreneurship Theory and Practice*, 2001,25(14): 41-56.

[5] Aldrich, H. E. , Rosen, B. & Woodward, W. The Impact of Social Networks on Business Foundings and Profit: A Longitudinal Study [J]. *Frontiers of Entrepreneurship Research*, Babson: Babson College,1987:154-168.

[6] Aldrich, H. *Organizations Evolving* [M]. London: Sage Publications Ltd. ,1999.

[7] Anderson, A. R. , Jack, S. L. & Dodd, S. D. The Role of Family

Members in Entrepreneurial Networks: beyond The Boundaries of the Family Firm[J]. *Family Business Review*, 2005, 18 (2): 135-154.

[8] Ardichvili, A., Cardozo, R. & Ray, S. A Theory of Entrepreneurial Opportunity Identification and Development [J]. *Journal of Business Venturin*, 2003,18(1):105-123.

[9] Ardichvili, A., Cardozo, R. & Ray, S. A Theory of Entrepreneurial Opportunity Identification and Development [J]. *Journal of Business Venturing*, 2003,18(1):105-123.

[10] Arregle, J. L., Hitt, M. A. & Sirmon, D. G., et al. The Development of Organizational Social Capital: Attributes of Family Firms[J]. *Journal of Management Studies*, 2007,44(1): 73-95.

[11] Bandura, A. *Social Foundations of Thought and Action*[M]. New York: Englewood Cliffs, 1986.

[12] Barbosa, S. D., Gerhardt, M. W. & Kickul, J. R. The Role of Cognitive Style and Risk Preference on Entrepreneurial Self-efficacy and Entrepreneurial Intention[J]. *Journal of Leadership and Organizational Studies*, 2007,13(4):86-104.

[13] Baron, R. A. & Markman, G. D. Beyond Social Capital: The Role of Entrepreneurs' Social Competence in Their Financial Success [J]. *Journal of Business Venturing*, 2003,18(1):41-60.

[14] Baron, R. A. & Markman, G. D. Beyond Social Capital: The Role of Social Skills in Entrepreneurs' Success [J]. *Academy of Management Executive*, 2000,35(2):106-116.

[15] Baron, R. A. & Tang, J. Entrepreneurs' Social Skills and New Venture Performance: Mediating Mechanisms and Cultural Generality[J]. *Journal of Management*, 2009,35(2):282-306.

[16] Baron, R. A. The Cognitive Perspective: A Valuable Tool for

Answering Entrepreneurship's Basic "Why" Questions [J]. *Journal of Business Venturing*, 2004, 19(2):221-239.

[17] Batjargal, B. & Liu, M. Entrepreneurs' Access to Private Equity in China: The Role of Social Capital[J]. *Organization Science*, 2004, 15(2):159-172.

[18] Batjargal, B. Social Capital and Entrepreneurial Performance in Russia: A Longitudinal Study[J]. *Organization Studies*, 2003, 24(4):535-556.

[19] Beckman, C. M. *Learning from Difference: The Effects of Interorganizational Networks on Organizational Learning* [D]. Unpublished Ph. D. Thesis, Stanford University, 1999.

[20] Begley, T. M. Using Founder Status, Age of Firm, and Company Growth Rate as The Basis for Distinguishing Entrepreneurs from Managers of Smaller Businesses [J]. *Journal of Business Venturing*, 1995, 10(3): 249-263.

[21] Beugelsdijk, S. Entrepreneurial Culture, Regional Innovativeness and Economic Growth[J]. *Journal of Evolutionary Economics*, 2007, 17(2):187-210.

[22] Beugelsdijk, S. & Noorderhaven, N. Entrepreneurial Attitude and Economic Growth: A Cross-section of 54 Regions[J]. *Annals of Regional Science*, 2004, 41(4):346-365.

[23] Bhagavatula, S., Elfring, T. & van Tilburg A., et al. How Social and Human Capital Influence Opportunity Recognition and Resource Mobilization in India's Handloom Industry[J]. *Journal of Business Venturing*, 2010, 25(3):245-260.

[24] Bhave, R. A. A Prcess Model of Entrepreneurial Venture Creation [J]. *Journal of Business Venturing*, 1994, 9(3):223-242.

[25] Bian, Y. Bring Strong Ties Back in: Indirect Ties, Network

Bridges and Job Searches in China[J]. *American Sociological Review*,1997,62(3):366-395.

[26] Bird, B. Implementing Entrepreneurial Ideas: The Case for Intention [J]. *Academy of Management Review*, 1988,13(3):442-453.

[27] Birley, S. The Role of Network in the Entrepreneurial Process[J]. *Journal of Business Venturing*,1985,1(1):107-117.

[28] Blanchflower, D. G. & Meyer, B. D. A Longitudinal Analysis of The Young Self-employed in Australia and The United States[J]. *Small Business Economics*, 1994,6(1):1-19.

[29] Bosma, N. , Hessels, J. & Schutjens, V. , et al. Entrepreneurship and Role Models[J]. *Journal of Economic Psychology*, 2012, 33 (2): 410-424.

[30] Bowles, S. & Gintis, H. *Origins of Human Cooperation: Genetic and Cultural Evolution of Cooperation* [M]. Cambridge: MIT Press, 2003.

[31] Boyd, N. G. & Vozikis, G. S. The Influence of Self-efficacy on the Development of Entrepreneurial Intentions and Actions[J]. *Entrepreneurship Theory and Practice*, 1994,18(4):63-77.

[32] Brixy, U. , Sternberg, R. & Stüber, H. The Selectiveness of The Entrepreneurial Process [J]. *Journal of Small Business Management*, 2012, 50(1): 105-131.

[33] Brown, S. , Dietrich, M. & Ortiz, A. , et al. Self-employment and Risk Preference[D]. Working Paper. Sheffield: University of Sheffield,2007.

[34] Bruderl, J. & Preisendorfer, P. Network Support and The Success of Newly Founded Business[J]. *Small Business Economics*, 1998, 10(3): 213-225.

[35] Brush, C. & Chaganti, R. Businesses Without Glamour? An

Analysis of Resources on Performance by Size and Age in Small Service and Retail Firms [J]. *Journal of Business Venturing*, 1999,14(3): 233-257.

[36] Burt, R. S. Structural Holes & Good Ideas[J]. *American Journal of Sociology*,2004,110(2):349-399.

[37] Burt, R. S. *Structural Holes: The Social Structure of Competition* [M]. Cambridge: Harvard University Press, 1992.

[38] Casson, M. & Giusta, M. D. Entrepreneurship and Social Capital: Analysing The Impact of Social Networks on Entrepreneurial Sctivity from A Rational Action Perspective[J]. *International Small Business Journal*, 2007,25(3):220-244.

[39] Chandler, G. N. & Jansen, E. The Founder's Self-assessed Competence and Venture Performance [J]. *Journal of Business Venturing*, 1992,7(3): 223-236.

[40] Chatman,D. , Altman,I. & Johnson,T. Community Entrepreneurial Climate: An Analysis of Small Business Owners' Perspectives in 12 Small Towns in Missouri, USA [J]. *Journal of Rural and Community Development*, 2008,(3):60-77.

[41] Chen, C. C. , Greene, P. G. & Crick, A. Does Entrepreneurial Self-efficacy Distinguish Entrepreneurs from Managers [J]. *Journal of Business Venturing*, 1998,13(3):295-316.

[42] Cooke, P. & Wills, D. Small Firms, Social Capital and The Enhancement of Business Performance through Innovation Programmes[J]. *Small Business Economics*, 1999,13(3):219-234.

[43] Cooper, A. C. & Artz, K. W. Determinants of Satisfaction for Entrepreneurs[J]. *Journal of Business Venturing*, 1995, 10 (6): 439-457.

[44] Cooper, A. C. , Gimeno, J. & Woo, C. Initial Human and

Financial Capital as Predictors of New Venture Performance[J]. *Journal of Business Venturing*,1994,9(5):371-395.

[45] Covin, J. G. , McDougall, P. P. , Robinson, R. B. & Herron, L. The Effects of Industry Growth and Strategic Breadth on New Venture Performance and Strategy Content [J]. *Strategic Management Journal*, 1994,15(7): 537-554.

[46] Covin, J. G. & Slevin, D. P. A Conceptual Model of Entrepreneurship as Firm Behavior, Entrepreneurship[J]. *Theory and Practice*, 1991: 16(1): 7-24.

[47] Cuervo, A. Individual and Environmental Determinants of Entrepr-eneurship [J]. *International Entrepreneurship and Management Journal*, 2005, 1(3): 293-311.

[48] Cummings, J. N. & Cross, R. Structural Properties of Work Groups and Their Consequences for Performance [J]. *Social Networks*, 2003, 25 (3): 197-210.

[49] Davidsson,P. *Researching Entrepreneurship, International Studies in Entrepreneurship*[M]. New York: Springer, 2004.

[50] De Clercq, D. & Arenius, P. The Role of Knowledge in Business Start-up Activity[J]. *International Small Business Journal*, 2006, 24(4):339-358.

[51] Dees, J. G. & Elias, J. The Challenges of Combining Social and Commercial Enterprise[J]. *Business Ethics Quarterly*, 1988, 8 (1):165-178.

[52] Dimov, D. Nascent Entrepreneurs and Venture Emergence: Opportunity Confidence, Human Capital, and Early Planning[J]. *Journal of Management Studies*, 2010, 47(6): 1123-1153.

[53] Diochon,M. , Menzies, T. V. & Gasse, Y. Exploring The Nature and Impact of Gestation-specific Human Capital among Nascent

Entrepreneurs[J]. *Journal of Developmental Entrepreneurship*, 2008,13(2):151-165.

[54] Fafchamps, M. & Quisumbing, A. R. Social Roles, Human Capital, and The Intrahousehold Division of Labor: Evidence from Pakistan[J]. *Oxford Economic Papers*, 2003,55(1):36-80.

[55] Ferris,G. R. , Blickle, G. & Schneider, P. B. , et al. Political Skill Construct and Criterion-related Validation: A Two-study Investigation [J]. *Journal of Managerial Psychology*,2008,23(7):744-771.

[56] Fonseca,R. ,Lopez-Garcia,P. & Pissarides,C. A. Entrepreneurship, Start-up Costs and Employment[J]. *European Economic Review*, 2001,45(4):692-705.

[57] Fornahl, D. Entrepreneurial Activities in A Regional Context. *Cooperation, Networks and Institutions in Regional Innovation Systems*[M]. Cheltenham: Edward Elgar, 2003.

[58] Fuentes, M. , Ruiz Arroyo, M. & Bojica, A. M. , et al. Prior Knowledge and Social Networks in The Exploitation of Entrepreneurial Opportunities[J]. *International Entrepreneurship and Management Journal*, 2010, 6(4): 481-501.

[59] Gaglio, C. M. & Katz, J. A. The Psychological Basis of Opportunity Identification Entrepreneurial Alertness[J]. *Small Business Economics*, 2001,16(2):95-111.

[60] Gibson, D. E. & Barron, L. A. Exploring The Impact of Role Models on Older Employees[J]. *Career Development International*, 2003,8(4):198-209.

[61] Gibson, D. E. Role Models in Career Development: New Directions for Theory and Research[J]. *Journal of Vocational Behavior*, 2004,65(1):134-156.

[62] Gimeno, J. , Folta, T. & Cooper, A. , et al. Survival of The

Fittest? Entrepreneurial Human Capital and The Persistence of Underperforming Firms [J]. *Administrative Science Quarterly*, 1997,42 (4): 750-783.

[63] Golden, P. A. & Dollinger, M. Cooperative Alliances and Competitive Strategies in Small Manufacturing Firms [J]. *Entrepreneurship Theory and Practice*, 1993,17(4): 43-56.

[64] Golden, P. A. & Dollinger, M. Cooperative Alliances and Competitive Strategies in Small Manufacturing Firms [J]. *Entrepreneurship Theory and Practice*, 1993, 17 (4): 43-56.

[65] Granovetter, M. S. The Strength of Weak Ties [J]. *American Journal of Sociology*, 1973, (6): 1360-1380.

[66] Gresham, F. M. & Elliott, S. N. Social Skills Intervention Guide: Systematic Approaches to Social Skills Training [J]. *Special Services in the Schools*, 1993,8(1):137-158.

[67] Greve, A. & Salaff, J. W. Social Networks and Entrepreneurship [J]. *Entrepreneurship: Theory & Practice*, 2003,28(1):1-22.

[68] Greve, A. & Salaff, J. W. Social Networks and Entrepreneurship [J]. *Entrepreneurship Theory & Practice*,2004,28(1):1-22.

[69] Grieco, D. Economics Perspectives on the Entrepreneurial Decision [J]. *International Journal of The Economics of Business*, 2012, 19(3): 451-467.

[70] Grundsten, H. *Entrepreneurial Intentions and The Entrepreneurial Environment: A Study of Technology-based New Venture Creation* [D]. Doctorial dissertation, Helsinki University of Technology, Helsinki, Finland Retrieved May, 2004.

[71] Gulati, R. & Higgins, M. C. Which Ties Matter When? The Contingent Effects of Interorganizational Partnerships on IPO Success[J]. *Strategic Management Journal*, 2003,24(2):127-144.

[72] Hanlon, D. & Saunders, C. Marshaling Resources to Form Small New Ventures: toward A More Holistic Understanding of Entrepreneurial Support[J]. *Entrepreneurship Theory & Practice*, 2007,31(4):619-641.

[73] Hansen, E. L. Entrepreneurial Networks and New Organization Growth[J]. *Entrepreneurship: Theory and Practice*, 1995, 19 (4): 7-19.

[74] Hansen, E. L. Entrepreneurial Networks and New Organization Growth[J]. *Entrepreneurship Theory & Practice*, 1995,19(4): 7-19.

[75] Hansen, M. T., Nohria,N. & Tierney,T. What's Your Strategy for Managing Knowledge[J]. *Harvard Business Review*, 1999, 77 (2): 106-116.

[76] Hansen, M. T. The Search-transfer Problem: The Role of Weak Ties in Sharing Knowledge across Organization Subunits [J]. *Administrative Science Quarterly*,1999,44(1):82-112.

[77] Hmieleski, K. M. & Corbett, A. C. Proclivity for Improvisation as A Predictor of Entrepreneurial Intentions [J]. *Journal of Small Business Management*, 2006,44(6):45-63.

[78] Honig, B., Lerner, M. & Raban, Y. Social Capital and The Linkages of High-tech Companies to The Military Defense System: Is There A Sgnaling Mechanism? [J]. *Small Business Economics*, 2006,27(4):419-437.

[79] Hopp, C. & Stephan, U. The Influence of Socio-cultural Environments on The Performance of Nascent Entrepreneurs: Community Culture, Motivation, Self-efficacy and Start-up Success[J]. *Entrepreneurship & Regional Development*, 2012, 24(9-10): 917-945.

[80] Ho, Y. P. & Wong, P. K. Financing, Regulatory Costs and

Entrepreneurial Propensity[J]. *Small Business Economics*,2007,28 (3):187-204.

[81] Huff, L. & Kelley, L. Is Collectivism A Liability? The Impact of Culture on Organizational Trust and Customer Orientation: A Seven-nation Study[J]. *Journal of Business Research*, 2005, 58 (1):96-102.

[82] Jack, S., Dodd, S. D. & Anderson, A. R. Change and The Development of Entrepreneurial Networks over Time: A Processual Perspective [J]. *Entrepreneurship and Regional Development*, 2008,20(5): 125-159.

[83] Jackson, J. & Rodkey,G. The Attitudinal Climate for Entrepreneurial Activity[J]. *Public Opinion Quarterly*, 1994,58(3):358-380.

[84] Karra, N., Tracey, P. & Phillips, N. Altruism and Agency in The Family Firm: Exploring The Role of Family, Kinship, and Ethnicity[J]. *Entrepreneurship Theory and Practice*, 2006, 30 (6): 861-877.

[85] Kirzner, I. M. *Competition and Entrepreneurship* [M]. Chicago: University of Chicago Press,1978.

[86] Kirzner, I. M. Entrepreneurial Discovery and The Competitive Market Process: An Austrian Approach[J]. *Journal of Economics Literature*,1997,35(1):60-85.

[87] Kline, C. *The Role of Entrepreneurial Climate in Rural Tourism Development*[M]. Raleigh: North Carolina State University, 2007.

[88] Koellinger, P., Minniti, M. & Schade, C. I Think I Can: Overconfidence and Entrepreneurial Behavior[J]. *Journal of Economic Psychology*, 2007,28(4):502-527.

[89] Kor, Y., Mahoney, J. T. & Michael, S. C. Resources, Capabilities and Entrepreneurial Perceptions [J]. *Journal of Management*

Studies, 2007, 44(7): 1187-1212.

[90] Ko, S. & Butler, J. E. Alertness, Bisociative Thinking Ability, and Discovery of Entrepreneurial Opportunities in Asian Hi-tech Firms[J]. *Fronters of Entrepreneurship Research*, 2003:421-429.

[91] Krueger, N. F. & Brazeal, D. V. Entrepreneurial Potential and Potential Entrepreneurs [J]. *Entrepreneurship Theory and Practice*, 1994,18(3):91-105.

[92] Krueger, N. F. Competing Models of Entrepreneurial Intentions [J]. *Journal of Business Venturing*, 2000, 15: 11-32.

[93] Lechner, C., Dowling, M. & Welpe, I. Firm Networks and Firm Development: The Role of The Relational Mix[J]. *Journal of Business Venturing*, 2006,21(4):514-540.

[94] Lee, D. Y. & Tsang, E. W. K. The Effects of Entrepreneurial Personality: Background Activities on Venture Growth [J]. *Journal of Management Studies*, 2001,38(4): 583-602.

[95] Lee, L. & Wong, P. K. *How Does An Entrepreneur's Ability Influence The Propensity to Exploit Novel Opportunities? The Moderating Role of Personality and Environment* [D]. MPRA Paper No. 597,2006.

[96] Le Galès, P. Regulations and Governance in European Cities[J]. *International Journal of Urban and Regional Research*, 1998,22 (3):482-506.

[97] Le Roux, I., Pretorius, M. & Millard, S. M. The Influence of Risk Perception, Misconception, Illusion of Control and Self-efficacy on The Decision to Exploit A Venture Opportunity[J]. *Southern Africa Business Review*, 2006,10(1):51-69.

[98] Levin, D. & Cross, R. The Strength of Weak Ties You Can Trust: The Mediating Role of Trust in Effective Knowledge

Transfer[J]. *Management Science*,2004,50(11):1477-1490.

[99] Liao, J. & Welsch, H. Roles of Social Capital in Venture Creation: Key Dimensions and Research Implications[J]. *Journal of Small Business Management*, 2005,43(4):345-362.

[100] Lu, L., Leung, K. & Koch, P. T. Managerial Knowledge Sharing: The Role of Individual, Interpersonal and Organizational Factors[J]. *Management and Organization Review*, 2006, 2 (1): 15-42.

[101] Luo, Y. Industrial Dynamics and Managerial Networking in An Emerging Market: The Case of China[J]. *Strategic Management Journal*,2003,24(13):1315-1327.

[102] Ma,R., Huang, Y. C. & Shenkar, O. Social Networks and Opportunity Recognition: A Cultural Comparison between Taiwan and The United States[J]. *Strategic Management Journal*,2011,32 (11):1183-1205.

[103] Ma, R. & Huang, Y. C. Social Network and Opportunity Recognition: A Cultural Perspective[J]. *Academy of Management Proceedings*, 2008, 1(6):1-6.

[104] Marsden,P. & Campbell,K. E. Measuring Tie Strength[J]. *Social Forces*, 1984, 63: 482-501.

[105] McElwee, G. Farmers as Entrepreneurs: Developing Competitive Skills[J]. *Journal of Developmental Entrepreneurship*, 2006,11 (3):187-206.

[106] McEvily, B. & Zaheer, A. Bridging Ties: A Source of Firm Heterogeneity in Competitive Capabilities[J]. *Strategic Management Journal*, 1999,20(12):1133-1156.

[107] McNally, S. Farm Diversification in England and Wales: What Can We Learn from The Farm Business Survey? [J]. *Journal of*

Rural Studies, 2001,17(2):247-257.

[108] Meccheri, N. & Pelloni, G. Rural Entrepreneurs and Institutional Assistance: An Empirical Study from Mountainous Italy[J]. *Entrepreneurship and Regional Development*, 2006, 18 (5): 371-392.

[109] Mokry, B. W. *Entrepreneurship and Public Policy*[M]. New York: Quomm Books, 1988.

[110] Moore, G. Structural Determinants of Men's and Women's Personal Networks[J]. *American Sociological Review*, 1990, 55 (5): 726-735.

[111] Morales-Gualdrón, S. T. & Roig, S. The New Venture Decision: An Analysis Based on The GEM Project Database[J]. *International Entrepreneurship and Management Journal*, 2005,1(4): 479-499.

[112] Morgan, S. L., Marsden, T., Miele, M., et al. Agricultural Multifunctionality and Farmers' Entrepreneurial Skills: A Study of Tuscan and Welsh Farmers[J]. *Journal of Rural Studies*, 2010,26(2):116-129.

[113] Mosey, S. & Wright, M. From Human Capital to Social Capital: A Longitudinal Study of Technology-based Academic Entrepreneurs [J]. *Entrepreneurship Theory and Practice*, 2007, 31 (6): 909-935.

[114] Murphy, G. B. & Trailer, J. W. Measuring Performance in Entrepreneurship Research[J]. *Journal of Business Research*, 1996, 36(1): 15-23.

[115] Nauta, M. & Kokaly, M. Assessing Role Model Influences on Students' Academic and Vocational Decisions[J]. *Journal of Career Assessment*, 2001,9(1):81-99.

[116] North, D. & Smallbone, D. The Innovativeness and Growth of

Rural SMEs during The 1990s[J]. *Regional Studies*, 2000,34 (2):145-157.

[117] Noseleit, F. The Entrepreneurial Culture: Guiding Principles of The Self-Employed [J]. *Entrepreneurship and Culture*, New York: Springer Publishers, 2009.

[118] Nwibo, S. U. & Okorie, A. Determinants of Entrepreneurship Among Agribusiness Investors in South-East, Nigeria [J]. *European Journal of Business and Management*, 2013,5(10): 115-123.

[119] Ostgaard, T. A. & Birley, S. Personal Networks and Firm Competitive Strategy: A Strategic or Coincidental Match? [J]. *Journal of Business Venturing*,1994,9(4): 281-305.

[120] Ostgaard, T. A. & Birley, S. Personal Networks and Firm Competitive Strategy: A Strategic or Coincidental Match[J]. *Journal of Business Venturing*, 1994, 9 (4): 281-305.

[121] Ozgen, E. & Baron, R. A. Social Sources of Information in Opportunity Recognition: Effects of Mentors, Industry Networks, and Professional Forums[J]. *Journal of Business Venturing*,2007,22 (2):174-192.

[122] Ozgen, E. , Minsky, B. D. Opportunity Recognition in Rural Entrepreneurship in Developing Countries [J]. *International Journal of Entrepreneurship*. 2007,11(1):138-148.

[123] Parker, S. C. *The Economics of Self-Employment and Entrepreneurship*[M]. Cambridge: Cambridge University Press,2004.

[124] Peng, M. W. Institutional Transitions and Strategic Choice[J]. *Academy of Management Review*, 2003,28(2):275-286.

[125] Peng, M. W. & Luo, Y. Managerial Ties and Firm Performance in a Transition Economy: The Nature of A Micro-macro Link[J].

Academy of Management Journal, 2000,43(3): 486-501.

[126] Peng, M. W. & Luo, Y. Managerial Ties and Firm Performance in A Transition Economy: The Nature of A Micro-macro Link[J]. *Academy of Management Journal*, 2000, 43: 486-501.

[127] Politis, D. The Process of Entrepreneurial Learning: A Conceptual Framework [J]. *Entrepreneur-ship Theory and Practice*, 2005,29(4):399-424.

[128] Renzulli, L. A., Aldrich, H. & Moody, J. Family Matters: Gender, Networks, and Entrepreneurial Outcomes[J]. *Social Forces*, 2000,79(2):523-546.

[129] Reynolds, P. D., Carter, N. M. & Gartner, W. B., et al. The Revalence of Nascent Entrepreneurs in The United States: Evidence from The Panel Study of Entrepreneurial Dynamics[J]. *Small Business Economics*, 2004,23(4):263-284.

[130] Reynolds, P. D. & Miller, B. New Firm Gestation: Conception, Birth and Implications for Research[J]. *Journal of Business Venturing*, 1992,7(1):33-51.

[131] Reynolds, P. D. *Who Starts New Firms? Linear Additive versus Interaction Based Models* [D]. Paper Presented at The 15th Babson College Entrepreneurship Research Conference, London, April, 1995.

[132] Riepponen, O. Maaseutuyrittäjänä Menestyminen (*Succeeding as a Rural Entrepreneur*)[M]. University of Helsinki, Institute for Rural Research and Training, Mikkeli, Publications, 1995.

[133] Romanelli, E. & Schoonhoven, K. *The Local Origins of New Firms: The Entrepreneurial Dynamic* [M]. Stanford, CA: Stanford University Press, 2001.

[134] Ronstadt, R. The Corridor Principle[J]. *Journal of Business*

Venturing，1988，3(4):31-40.

[135] Samuelsson， M. *Creating New Ventures: A Longitudinal Investigation of The Nascent Venturing Process* [D]. Doctoral Dissertation，Jonkoping International Business School，Sweden，2004.

[136] Sarasvathy，S. D.，Dew，N.，Velamuri，S. R. & Venkataraman，S. *Three Views of Entrepreneurial Opportunity: Handbook of Entrepreneurship Research* [D]. United Kingdom: Kluwer Academic Publishers，2003.

[137] Scherer，R.，Adams，J.，Carley，S. & Wiebe，F. Role Model Performance Effects on Development of Entrepreneurial Career Preference[J]. *Entrepreneurship Theory and Practice*，1989，13(3):53-71.

[138] Schjoedt，L. & Shaver，K. G. Deciding on An Entrepreneurial Career: A Test of the Pull and Push Hypotheses Using the Panel Study of Entrepreneurial Dynamics Data[J]. *Entrepreneurship Theory & Practice*，2007，31(5):733-752.

[139] Schjoedt，L. & Shaver，K. G. Deciding on An Entrepreneurial Career: A Test of The Push and Pull Hypotheses Using The PSED Data[J]. *Entrepreneurship Theory and Practice*，2007，31(5):733-752.

[140] Schultz，M. The Uncertain Relevance of Newness: Organizational Learning and Information Flows[J]. *Academy of Management Journal*，2001，44(4):661-681.

[141] Semrau，T. & Werner，A. The Two Sides of the Story: Network Investments and New Venture Creation[J]. *Journal of Small Business Management*，2012，50(1):159-180.

[142] Shane，S. *A General Theory of Entrepreneurship*[D]. Northampton，

MA: Edward Elgar,2003.

[143] Shane, S. & Cable, D. Network Ties, Reputation, and The Financing of New Ventures[J]. *Management Science*, 2002, 48 (3): 364-381.

[144] Shane, S. Prior Knowledge and The Discovery of Entrepreneurial Opportunities[J]. *Organization Science*,2000,11(4):448-469.

[145] Shane, S. & Venkataraman, S. The Promise of Entrepreneurship as A Field of Research[J]. *Academy of Management Review*, 2000, 25(1):217-226.

[146] Shepherd, D. A. , Douglas, E. J. & Shanley, M. New Venture Survival: Ignorance, External Shocks, and Risk Reduction Strategies [J]. *Journal of Business Venturing*, 2000,15(4): 393-410.

[147] Simonton, D. K. Sociocultural Context of Individual Creativity: A Transhistorical Time-series Analysis [J]. *Journal of Personality and Social Psychology*, 1975,32(6):1119-1133.

[148] Singh, R. , Hills, G. & Hybels, R. , et al. *Opportunity Recognition through Social Network Characteristics of Entrepreneurs: Frontiers of Entrepreneurship Research* [M]. Massachusetts: Babson College,1999.

[149] Skuras, D. , Dimara, E. & Vakrou, A. The Day after Grant-aid: Business Development Schemes for Small Rural Firms in Lagging Areas of Greece[J]. *Small Business Economics*, 2000,14(2):125-136.

[150] Smith, B. R. , Matthews, C. H. & Schenkel, M. T. Differences in Entrepreneurial Opportunities: The Role of Tacitness and Codification in Opportunity Identification[J]. *Journal of Small Business Management*,2009,47(1):38-57.

[151] Stam, W. & Elfring, T. Enttrepreneurial Orientation and New

Venture Performance: The Moderating Role of Intra-and Extraindustry Social Capital[J]. *Academy of Management Journal*, 2008, 51 (1):97-111.

[152] Starr, J. A. & MacMillan, I. C. Resource Cooptation via Social Contracting: Resource Acquisition Strategies for New Ventures [J]. *Strategic Management Journal*, 1990, 11: 79-92.

[153] Stathopoulou, S., Psaltopoulos, D. & Skuras, D. Rural Entrepreneurship in Europe: A Research Framework and Agenda [J]. *International Journal of Entrepreneurial Behavior & Research*, 2004, 10(6):404-425.

[154] S. Venkataraman. The Distinctive Domain of Entrepreneurship Research: An Editor's Perspective[J]. *Advances in Entrepreneurship, Firm Emergence, and Growth, Greenwich*, CT: JAI Press, 1997.

[155] Tang, J., Kacmar, K. M. & Busenitz, L. Entrepreneurial Alertness in The Pursuit of New Opportunities[J]. *Journal of Business Venturing*, 2012, 22(1):77-94.

[156] Tan, J. & Tan, D. Environment-strategy Co-evolution and Co-alignment: A Staged Model of Chinese SOEs under Transition [J]. *Strategic Management Journal*, 2004, 26(2):141-157.

[157] Thompson, E. R. Individual Entrepreneurial Intent: Construct Clarification and Development of An Internationally Reliable Metric[J]. *Entrepreneurship Theory and Practice*, 2009, 3(3): 669-694.

[158] Thornton, P. H., Ribeiro-Soriano, D. & Urbano, D. Socio-cultural Factors and Entrepreneurial Activity: An overview[J]. *International Small Business Journal*, 2011, 29(2): 105-118.

[159] Timmons, J. A. *New Venture Creation: Entrepreneurship For 21 Century*[M]. Illinois Irwin, 1999, 117-130.

[160] Tjosvold,D. & Weicker, D. W. Cooperative and Competitive Networking by Entrepreneurs: A Critical Incident Study [J]. *Journal of Small Business Management*, 1993, (31): 11-21.

[161] Tung, R. & Worm, V. Network Capitalism: The Role of Human Resources in Penetrating The China Market [J]. *International Journal of Human Resource Management*, 2001, 12 (4):517-534.

[162] Ucbasaran, D. , Westhead, P. & Wright, M. *Habitual Entrepreneurs* [M]. Cheltenham: Edward Elgar Publishing, 2006.

[163] Ucbasaran, D. , Westhead, P. & Wright, M. Opportunity Identification and Pursuit: Does An Entrepreneur's Human Capital Matter? [J]. *Small Business Economics*, 2008, 30(2): 153-173.

[164] Ucbasaran, D. , Westhead, P. & Wright, M. The Extent and Nature of Opportunity Identification by Experienced Entrepreneurs[J]. *Journal of Business Venturing*, 2009, 25(2):99-115.

[165] Ucbasaran, D. , Westhead, P. & Wright, M. The Extent and Nature of Opportunity Identification by Experienced Entrepreneurs[J]. *Journal of Business Venturing*, 2009, 24(2):99-115.

[166] Uphoff, N. Understanding Social Capital: Learning from the Analysis and Experience of Participation. *Social Capital* [M]. Oxford: Oxford University Press, 1998.

[167] Uzzi, B. & Lancaster, R. Embeddedness and Price Formation in The Corporate Law Market[J]. *American Sociological Review*, 2004, 69(3):319-344.

[168] Van, A. H. , Fry, F. L. & Stephens, P. The Influence of Role Models on Entrepreneurial Intentions [J]. *Journal of Developmental Entrepreneurship*, 2006, 11(2):157-167.

[169] Wall, T. D. , Michie, J. , Patterson, M. , et al. On The Validity of

Subjective Measures of Company Performance [J]. *Personnel Psychology*, 2004, 57 (1): 95-118.

[170] Watson, J. Modeling The Relationship between Networking and Firm Performance[J]. *Journal of Business Venturing*, 2007, 22 (6):852-874.

[171] Wennekers, S. & Thurik, R. Linking Entrepreneurship and Economic Growth[J]. *Small Business Economics*, 1999, 13(1): 27-56.

[172] West, P. & Noel, T. W. The Impact of Knowledge Resources on New Venture Performance [J]. *Journal of Small Business Management*, 2009, 47: 1-22.

[173] Wiklund, J. & Shepherd, D. Knowledge-based Resources, Entrepreneurial Orientation, and The Performance of Small and Medium-sized Businesses [J]. *Strategic Management Journal*, 2003, 24(3):1307-1314.

[174] Witt, P. Entrepreneurs' Networks and The Success of Start-ups [J]. *Entrepreneurship and Regional Development*, 2004, 16(5): 391-412.

[175] Witt, U. Economics, Sociobiology, and Behavioral Psychology on Preferences[J]. *Journal of Economic Psychology*, 1991, 12(4): 557-573.

[176] Wooten, K. C., Timmerman, T. A. & Folger, R. The Use of Personality and The Five-factor Model to Predict New Business Ventures: from Outplacement to Start-up [J]. *Journal of Vocational Behavior*, 1999, 54(1): 82-101.

[177] Wortman, M. S. Rural Entrepreneurship Research: An Integration into The Entrepreneurship Field[J]. *Agribusiness*, 1990, 6(4): 329-344.

[178] Xiao, Z. & Tsui, A. S. When Brokers May Not Work: The Cultural Contingency of Social Capital in Chinese High-tech Firms[J]. *Administrative Science Quarterly*, 2007, 52(1): 1-31.

[179] Yoo, J. K. Utilization of Social Networks for Immigrant Entrepreneurship: A Case Study of Korean Immigrants in The Atlanta Area[J]. *International Review of Sociology*, 2000, 10 (3): 347-363.

[180] Zahra, S. A., Jennings, D. F. & Kuratko, D. F. The Antecedents and Consequences of Firm Level Entrepreneurship[J]. *The State of The Field, Entrep-reneurship Theory and Practice*, 1992, 24 (2): 47-67.

[181] Zahra, S. & Dess, G. G. Entrepreneurship as A Field of Research: Encouraging Dialogue and Debate[J]. *Academy of Management Review*, 2001, 26(1): 8-10.

[182] Zhao, H., Seibert, S. E. & Lumpkin, G. T. The Relationship of Personality to Entrepreneurial Intentions and Performance: A Meta-analytic Review[J]. *Journal of Management*, 2009, 36(2): 381-404.

[183] Zhao, H. & Seibert, S. E. The Mediating Role of Self-efficacy in The Development of Entrepreneurial Intentions[J]. *Journal of Applied Psychology*, 2005, 99(6): 1265-1272.

[184] Zhao, L. & Aram, J. D. Networking and Growth of Young Technology-intensive Ventures in China[J]. *Journal of Business Venturing*, 1995, 10(5): 349-370.

[185] Zhao, L. M. & Aram, J. D. Networking and Growth of Young Technology-intensive Ventures in China[J]. *Journal of Business Venturing*, 1995, 10 (5): 349-370.

[186] Zimmer, C. & Aldrich, H. Resource Mobilization through Ethnic

Networks：Kinship and Friendship Ties of Shopkeepers in England[J]. *Sociological Perspectives*，1987，30（4）：422-455.

[187] 安宁,王宏起.创业者先前经验、学习模式与新技术企业绩效——基于初始条件视角的实证研究[J].商业经济与管理,2011(9)：34-42.

[188] 边燕杰,李煜.中国城市家庭的社会网络资本[J].清华社会学评论,2001(2):1-18.

[189] 边燕杰.网络脱生:创业过程的社会学分析[J].社会学研究,2006(6):74-88.

[190] 蔡莉,葛宝山,朱秀梅,费宇鹏,柳青.基于资源视角的创业研究框架构建[J].中国工业经济,2007(11):96-103.

[191] 晁伟,王凤忠.农民创业培训模式及对策研究[J].农业科研经济管理,2009(4):45-49.

[192] 陈寒松,朱晓红.新创企业异质性资源、资源获取与创业绩效关系研究——基于创业机会的视角[J].企业管理研究,2012(3):76-80.

[193] 陈红飞.完善农民创业金融体系的对策研究[J].金融纵横,2009(9):53-55.

[194] 陈文标.农民创业机会识别与把握研究——基于企业家精神视角的分析[J].林业经济,2012(6):113-115.

[195] 陈昭玖,朱红根.人力资本、社会资本与农民工返乡创业政府支持的可获性研究——基于江西1145份调查数据[J].农业经济问题,2011(5):54-59.

[196] 初明达.农民创业可选择类型研究[J].调研世界,2008(3):22-31.

[197] 崔萌.对农民创业行为及其影响因素的研究——基于扬州市5县(市、区)495名创业者的问卷调查[J].金融纵横,2010(4):21-25.

[198] 戴杰帆.加强农民创业培训的主要途径和方法[J].农村经济与科技,2011(9):144-145.

[199] 董晓波.农民创业者获取创业资源中社会网络的利用[J].中国农

学通报,2007(1):425-428.

[200] 杜建华,田晓明,蒋勤峰.基于动态能力的企业社会资本与创业绩效关系研究[J].中国软科学,2009(2):115-126.

[201] 段清贤.创业警觉性的影响因素研究[J].现代商业,2011(7):283.

[202] 费孝通.乡土中国[M].北京:人民出版社,2008.

[203] 符志伟.农民创业行为研究综述[J].经济研究导刊,2013(9):63-64.

[204] 高静,张应良,贺昌政.农户创业机会识别行为的影响因素实证分析——基于518份农户创业调查[J].华中农业大学学报(社会科学版),2012(5):41-46.

[205] 高向飞,王相敏.制度转型、组织结构与企业绩效:一个新制度主义分析框架[J].制度经济学研究,2009(3):127-145.

[206] 葛宝山,董保宝.动态环境下创业者管理才能对新创企业资源获取的影响研究[J].研究与发展管理,2009(4):20-27.

[207] 郭红东,丁高洁.社会资本、先验知识与农民创业机会识别[J].华南农业大学学报(社会科学版),2012(3):78-85.

[208] 郭红东,周惠珺.先前经验、创业警觉与农民创业机会识别——一个中介效应模型及其启示[J].浙江大学学报(人文社会科学版),2013(4):17-27.

[209] 郭军盈.我国农民创业的区域差异研究[J].经济问题探索,2006a(6):70-74.

[210] 郭军盈.中国农民创业问题研究[D].博士学位论文,南京农业大学,2006b.

[211] 黄德林,宋维平,王珍.新形势下农民创业能力来源的基本判断[J].农业经济问题,2007(9):8-13.

[212] 黄洁,蔡根女,买忆媛.农村微型企业、创业者社会资本和初创企业绩效[J].中国农村经济,2010(5):65-73.

[213] 黄洁,买忆媛.农民创业者初始社会资本对机会识别类型的预测能

力研究[J].农业技术经济,2011(4):50-57.

[214] 黄敬宝,杨同梅,刘玉凤,等.农民创业问题研究——基于106位农民创业者的实证分析[J].调研世界,2012(1):36-39.

[215] 霍亚楼.创业过程的研究模式及框架重构[J].企业经济,2009(10):12-15.

[216] 蒋剑勇,郭红东.创业氛围、社会网络和农民创业意向[J].中国农村观察,2012(2):20-27.

[217] 蒋剑勇,钱文荣,郭红东.社会网络、社会技能与农民创业资源获取[J].浙江大学学报(人文社会科学版),2013(1):85-100.

[218] 金迪.农民创业问题研究——研究进展与述评[J].生产力研究,2011(11):212-214.

[219] 李启秀.对农民创业融资问题的探讨——以怀化市农民创业培训试点县为例[J].价值工程,2011(16):148-149.

[220] 李全伦,李永涛.农民创业带动就业效应的实证研究——以山东、河南调查数据为例[J].财政研究,2010(9):44-48.

[221] 李仁苏,蔡根女.创业机会识别:核心概念、关键因素及过程模型[J].湖北社会科学,2007(11):75-79.

[222] 李新春,刘莉.嵌入性——市场性关系网络与家族企业创业成长[J].中山大学学报(社会科学版),2009(3).

[223] 李岳云,杨宁.农民创业与乡村发展[J].现代经济探讨,2008(4):46-48.

[224] 梁惠清,王征兵.当前我国农民创业者投资行为分析[J].农业经济问题,2009(10):84-93.

[225] 刘军,郭军盈,戴建华.东西部农民创业差异及原因分析[J].湖南农业大学学报(社会科学版),2004(6):22-24.

[226] 刘唐宇.农民工回乡创业的影响因素分析——基于江西赣州地区的调查[J].农业经济问题,2010(9):81-88.

[227] 罗明忠,邹佳瑜,卢颖霞.农民的创业动机、需求及其扶持[J].农业

经济问题,2012(2):14-19.

[228] 马光荣、杨恩艳.社会网络、非正规金融与创业[J].经济研究,2011(3):83-94.

[229] 苗青.企业家的认知特征对机会识别的影响方式研究[J].人类工效学杂志,2007(4):8-11.

[230] 彭艳玲,孔荣,王瑞红.创业自我效能感及其对农民创业意向的传导作用[J].经济与管理研究,2011(12):56-61.

[231] 戚迪明,张广胜,杨肖丽,等.农民创业意愿的影响因素分析——基于沈阳市119户农民的微观数据[J].农业经济,2012(1):28.

[232] 秦红增,刘佳.超越村落:文化农民社会资本的扩展及其结构研究[J].中国农业大学学报(社会科学版),2009(4):62-71.

[233] 石书德,张帏,高建.影响新创企业绩效的创业团队因素研究[J].管理工程学报,2011(4):44-51.

[234] 石智雷,谭宇,吴海涛.返乡农民工创业行为与创业意愿分析[J].中国农村观察,2010(5):25-37.

[235] 孙红霞,孙梁,李美青.农民创业研究前沿探析与我国转型时期研究框架构建[J].外国经济与管理,2010(6):31-37.

[236] 田莉,龙丹.创业过程中先前经验的作用解析——最新研究成果评述[J].经济理论与经济管理,2009(11):41-45.

[237] 田莉,薛红志.创业团队先前经验、承诺与新技术企业初期绩效——一个交互效应模型及其启示[J].研究与发展管理,2009(4):2-9.

[238] 汪浩,吴连翠.农民创业的现状、问题及对策分析——基于安徽省的调查与思考[J].农村经济,2011(5):121-124.

[239] 汪良军、杨蕙馨.创业机会与企业家认知[J].经济管理.2004(18):24-29.

[240] 汪三贵,刘湘琳,史识洁,应雄巍.人力资本和社会资本对返乡农民工创业的影响[J].农业技术经济,2010(12):4-9.

[241] 王晶.对农民创业培训的思考:以河南省为例[J].农业经济,2011 (9):57-58.

[242] 王静,韩冰宇,韩宏华.影响农民创业因素的实证研究——基于常 州市 71 名农民创业者的调查[J].人力资源管理,2011(2), 124-126.

[243] 王西玉、崔传义、赵阳.打工与回乡:就业转变和农村发展——关于 部分进城民工回乡创业的研究[J].管理世界,2003(7):99-109.

[244] 王振芳,滕国玲.乌鲁木齐市农民创业行为影响因素分析[J].农业 科学研究,2012(4):61-65.

[245] 危旭芳.农民创业资源异质性与绩效差异——基于 3727 家农民和 非农民创业企业的比较研究[J].江汉论坛,2013(5):66-73.

[246] 韦吉飞,李录堂.农民创业、分工演进与农村经济增长——基于中 国农村统计数据的时间序列分析[J].大连理工大学学报(社会科 学版),2010(4):24-30.

[247] 韦吉飞,李录堂.农村非农活动、农民创业与农村经济变迁——基 于 1992—2007 年中国农村的实证分析[J].武汉理工大学学报(社 会科学版),2009(5):42-48.

[248] 韦吉飞,王建华,李录堂.农民创业行为影响因素研究——基于西 北五省区调查的实证分析[J].财贸研究,2008(5):16-22.

[249] 韦吉飞.新形势下农民创业问题研究[D].博士学位论文,西北农林 科技大学,2010.

[250] 魏喜武,陈德棉.创业警觉性与创业机会的匹配研究[J].管理学 报,2011(1):133-136.

[251] 魏喜武.创业警觉性研究前沿探析与相关命题的提出[J].外国经 济与管理,2009(5):8-14.

[252] 温忠麟、张雷、侯杰泰,等.中介效应检验程序及其应用[J].心理学 报,2004(5):614-620.

[253] 吴昌华,戴天放,魏建美,等.江西省农民创业调查分析及对策研究

[J].江西农业大学学报(社会科学版),2006(2):29-32.

[254] 吴勇,蔡根女.农村微型企业创业影响因素的实证研究——基于宏观层次的视角[J].生态经济,2010(6):44-48.

[255] 肖华芳,包晓岚.农民创业的信贷约束——基于湖北省930家农村微小企业的实证研究[J].农业技术经济,2011(2):102-110.

[256] 熊智伟,王征兵.农民工返乡创业意愿影响因素实证研究——基于江西省262名返乡创业农民工的调查数据[J].统计与信息论坛,2011(11):103-108.

[257] 徐辉,李录堂.完善我国农民创业支撑体系的对策研究[J].经济纵横,2008(4):74-76.

[258] 薛红志,王迎军,田莉.创业者先前工作经验与新企业初期绩效关系研究[J].科学学研究,2009(6):896-903.

[259] 薛红志.创业团队、正式结构与新企业绩效[J].管理科学,2011(1):1-9.

[260] 杨俊,张玉利.社会资本、创业机会与创业初期绩效理论模型的构建与相关研究命题的提出[J].外国经济与管理,2008(10):17-31.

[261] 杨俊,薛红志,牛芳.先前工作经验、创业机会与新技术企业绩效——一个交互效应模型及启示[J].管理学报,2011(1):116-125.

[262] 杨俊,张玉利,杨晓非,赵英.关系强度、关系资源与新企业绩效——基于行为视角的实证研究[J].南开管理评论,2009(4):44-54.

[263] 杨隽萍,陈洋.社会资本对科技型创业企业成长性的影响分析[J].内蒙古民族大学学报,2006(1):45-48.

[264] 余长春,黄蕾.构建农民创业能力的提升体系[J].农业考古,2008(3):335-337.

[265] 张明林,喻林.推动农民创业与促进社会主义新农村建设[J].求实,2007(8):89-91.

[266] 张应良,汤莉.农民创业绩效影响因素的研究——基于对东部地区

284 个创业农民的调查[J].华中农业大学学报（社会科学版），
2013(4):19-24.

[267] 张玉利,王晓文.先前经验、学习风格与创业能力的实证研究[J].
管理科学,2011(3):1-12.

[268] 张玉利,杨俊,任兵.社会资本、先前经验与创业机会——一个交互
效应模型及其启示[J].管理世界,2008(7):91-102.

[269] 赵西华.新型农民创业培植研究[D].博士学位论文,南京农业大
学,2005.

[270] 钟王黎,郭红东.农民创业意愿影响因素调查[J].华南农业大学学
报(社会科学版),2010(2):23-27.

[271] 周菁华,谢洲.农民创业能力及其与创业绩效的关系研究——基于
重庆市 366 个创业农民的调查数据[J].农业技术经济,2012(5):
121-126.

[272] 周菁华.农民创业绩效的影响因素分析——基于 366 个创业农民
的调查数据[J].江西财经大学学报,2013(3):77-84.

[273] 朱红根、康兰媛、翁贞林、刘小春.劳动力输出大省农民工返乡创业
意愿影响因素的实证分析——基于江西省 1145 个返乡农民工的
调查数据[J].中国农村观察,2010(5).

[274] 朱红根.政策资源获取对农民工返乡创业绩效的影响——基于江
西调查数据[J].财贸研究,2012(1):18-26.

[275] 朱明芬.农民创业行为影响因素分析——以浙江杭州为例[J].中
国农村经济,2010(3):25-34.

索 引

创业 1－12，14－97，99－101，
　103－110，112，113，115－
　128，130－139，143，145－
　163，165－179，182－187，
　189－195，197，199

创业氛围 11，36，49－52，54－
　59，75，90

创业环境 3，8，9，11，12，20，27，
　38，42，50，59，75，76，90，
　135，170，193

创业机会 4，5，10，11，20，26－
　28，35，38，60－68，70－91，
　93－96，99－102，104，135，
　158，159，161－163，167－
　172，184，185，191，199

创业绩效 2，5，8－12，76，90，
　103，104，119，134－140，
　142，143，145－151，153，154，
　156－165，168－172，187

创业经验 36，70，74，77，136－
　138，140，142，143

创业警觉 11，60，62，75，76，78－
　80，82－88

创业决策 28，38，39，89－91，94，
　96，97，99－101

创业能力 3，5，12，24，26，28，35，
　38，50，88，93，101，135，
　188，200

创业融资 12，122－124，126－
　129，132，133，135

创业意向 4，49－55，57－59，69，
　76，80－82，88，143，144

创业资源 10，11，62，93，101，103
　－109，112，115－121，149，
　156，158，161，172，185

机会创新性 162，169

机会识别 4，5，27，28，60，61，63，
　67，72，75－77，79，86，87，

90,161

农民创业　1－21,24－36,40,49,
　50,58－63,66,72－77,88－
　90,96,97,101,103 － 108,
　111,112,115 － 126,130 －
　132,134 － 139,143,145,
　146,148,150,156 － 161,
　163,165,168,170,172,173,
　189

农民创业决策　89,91,92,94,99
　－101

农业创业　4,25,28,35,165

社会网络　11,49－53,58－66,
　68,72 － 74,89 － 93,100,
　101,103－110,113,116,118
　－120,122 － 125,130,132,

133,149

社会资本　3,4,9,11,12,38,40,
　61,62,75 － 77,79,105,122
　－128,130－135,145－147,
　149,156－159,178,195

网络规模　63,67,68,71,72,105,
　106,109,110,112,113,115
　－117,119,124 － 127,132,
　147－149,152,154－157

网络强度　110,113,124 － 128,
　132,147,149,152－156

先前经验　11,60,62,63,65,66,
　72,74－77,79,80,82,84,87,
　89,91－93,136

资源整合　134,162

后　记

　　本书是笔者承担的国家自然科学基金项目"中国农民创业理论实证研究"（编号：71073136）的系列研究成果集成之一。

　　作者非常感谢国家自然科学基金委员会的资助。没有项目的资助，这些成果是无法取得的。非常感谢博士研究生俞宁、蒋剑勇和硕士研究生钟王黎、丁高洁、周惠珺、王大何、杜宝森、邢沁青、陈亦悠的付出和努力，正是因为有了这么一群优秀的学子组成的团队，群策群力，才能使农民创业研究项目顺利完成并取得了丰硕成果。

　　作者衷心感谢浙江大学中国农村发展研究院黄祖辉教授、钱文荣教授对课题研究工作的大力支持，同时也非常感谢《浙江大学学报（人文社会科学版）》、《中国农村经济》、《中国农村观察》、《农业技术经济》、《南京农业大学学报（社会科学版）》和《华南农业大学学报（社会科学版）》给予的支持，正是编辑们一字一句的修改，才使研究成果得以发表！同时，感谢参与调查的浙江大学"三农"协会的所有同学，没有你们的努力，本研究也不可能有好的数据支持。我们还要感谢本书所引用参考文献的作者，正是你们的前期研究为我们的研究奠定了基础。

　　由于农民创业研究涉及面广，作者能力有限，本书定有许多不当之处，敬请广大同行批评指正！

图书在版编目（CIP）数据

中国农民创业的理论与实证研究／郭红东等著.
—杭州：浙江大学出版社，2014.9

ISBN 978-7-308-13663-1

Ⅰ.①中… Ⅱ.①郭… Ⅲ.①农民－劳动就业－研究
中国 Ⅳ.①D669.2

中国版本图书馆 CIP 数据核字（2014）第 185436 号

中国农民创业的理论与实证研究

郭红东 等著

责任编辑	陈丽霞
文字编辑	姜井勇
封面设计	春天·书装工作室
出版发行	浙江大学出版社
	（杭州市天目山路 148 号　邮政编码 310007）
	（网址：http://www.zjupress.com）
排　　版	杭州中大图文设计有限公司
印　　刷	杭州杭新印务有限公司
开　　本	710mm×1000mm　1/16
印　　张	15.25
字　　数	212 千
版 印 次	2014 年 9 月第 1 版　2014 年 9 月第 1 次印刷
书　　号	ISBN 978-7-308-13663-1
定　　价	42.00 元